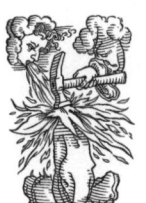

Gunnar Schmidt

Schreie

Versuche über die Gewalt der Stimme

Schwabe Verlag

Bibliografische Information der Deutschen Nationalbibliothek
Die Deutsche Nationalbibliothek verzeichnet diese Publikation in der Deutschen Nationalbibliografie;
detaillierte bibliografische Daten sind im Internet über http://dnb.dnb.de abrufbar.

© 2024 Schwabe Verlag Berlin
Dieses Werk ist urheberrechtlich geschützt. Das Werk einschließlich seiner Teile darf ohne schriftliche
Genehmigung des Verlages in keiner Form reproduziert oder elektronisch verarbeitet, vervielfältigt,
zugänglich gemacht oder verbreitet werden.
Abbildung Umschlag: Susan Strasberg in *Ein Toter spielt Klavier* (1961)
Korrektorat: Julia Müller, Leipzig
Cover: Marc Müller, Berlin
Layout: icona basel GmbH, Basel
Satz: Gunnar Schmidt, Hamburg
Druck: Beltz Grafische Betriebe GmbH, Bad Langensalza
Printed in Germany
ISBN Printausgabe 978-3-7574-0147-4
ISBN eBook (PDF) 978-3-7574-0150-4
DOI 10.31267/978-3-7574-0150-4
Das eBook ist seitenidentisch mit der gedruckten Ausgabe und erlaubt Volltextsuche. Zudem sind Inhaltsverzeichnis und Überschriften verlinkt.

rights@schwabe.ch
www.schwabeverlag.de

Inhalt

Verzweiflungsschrei 7

Schmerzensschrei 15

Schrei der Masse 19

Schrei der Wahnsinnigen 25

Der unterdrückte Schrei 41

Der expressionistische Schrei 53

Der überwirkliche Schrei 67

Der gekünstelte Schrei 75

Jubelschrei 81

Höllengeschrei 87

Der lärmende Schrei 95

Lustschrei 103

Angstschrei 115

Kriegsgeschrei 127

Notschrei **137**

Abbildungsverzeichnis **145**

Danksagung **147**

Verzweiflungsschrei

Im ersten Evangelium des Neuen Testaments wird die existenzielle Grenzsituation der Kreuzigung auf eine Weise geschildert, die nicht weniger als ein Skandalon innerhalb des christlichen Glaubens darstellt. Der anonyme Autor, Matthäus genannt, entwirft die Figur des leidenden Christi als eine, die mit absoluter Verlorenheit, mit Schmerz, Verzweiflung und Tod konfrontiert ist. Die Verlassenheit im weltlichen Strafgericht hat Glaubenskonsequenzen: Wie kann ein Gott, der als Vater anerkannt ist, dies zulassen? In der Übersetzung Martin Luthers (1545) heißt es:

> VNd von der sechsten stundn / ward ein Finsternis vber das gantze Land bis zu der neunden stunde. Vnd vmb die neunde stunde schrey Jhesus laut /vnd sprach / Eli / Eli / lama Asabthani? Das ist / Mein Gott / mein Gott / Warumb hastu mich verlassen? Etliche aber die da stunden / da sie das höreten / sprachen sie / Der rüffet dem Elias. Vnd bald lieff einer vnter jnen / nam einen Schwam / vnd füllet jn mit Essig / vnd steckt jn auff ein Rhor / vnd trencket jn. Die andern aber sprachen / Halt / las sehen / Ob Elias kome vnd jm helffe. Aber Jhesus schrey abermal laut / vnd verschied.[1]

Die besondere Qualität des Tragischen wird deutlich, wenn man die Evangelien des Johannes und Lukas vergleichend heranzieht. Die Betroffenheit des Gekreuzigten, sein Flehen und das Schreien, worin seine Menschlichkeit aufscheint, findet sich dort nicht.[2] Jesus wird als schicksalsergebener Sohn geschildert, der ohne Klage stirbt. Das bemerkenswerte Pathos bei Matthäus wird durch zwei sprachlich-kommunikative Aspekte erhöht, die ebenfalls bei Johannes und Lukas fehlen. Die wörtliche Rede des Gekreuzigten wird in der Sprache des historischen Jesus ausgeführt – dem Aramäischen. Im Neuen Tes-

---

1   Matthäus, 27,45–50.
2   Die Schilderung im Markus-Evangelium ist mit der des Matthäus fast identisch.

tament gibt es nur vier Stellen, die diesen Originalsound wiedergeben.³ Dieser literarische Kniff verleiht der Szene einen Unmittelbarkeitscharakter und erweckt den Eindruck, dass der dolmetschende Evangelist bei der Hinrichtung anwesend war. Der zweite Aspekt besteht in der Adresse, auf die hin der Ruf erfolgt: Hans Blumenberg merkt dazu an, dass hier nicht der Verkünder von Gottes Wort spricht, sondern einer, der seinen Vater mit dem Allgemeintitel «mein Gott»⁴ anspricht. Die Verse geben einen Moment der kommunikativen Intimität wieder, dokumentieren aufgrund der Titulierung allerdings auch die Entfremdung des Sohnes vom Vater. Die klagend-fragende Anrufung des Abwesenden versetzt den Erlöser in die Rolle des Hilflosen: Jesus, der Wunder vollbrachte, ist jeder magischen Macht beraubt und ohne Hoffnung auf Antwort oder Trost. Die Anrufungsrhetorik geht ins Leere. Am Ende des Lebens gewinnt die enttäuschende Idee Gestalt, dass es keinen gütigen Gott gibt. Die grausame Hinrichtung, die Folterungen, die Verhöhnung durch die Soldaten und Gaffer erzeugen nicht nur körperliche Pein, sie stoßen das Opfer in ultimative Einsamkeit. Jesus verliert weltlichen und überweltlichen Schutz, er wird von der Gemeinschaft verstoßen, von Jüngern verleugnet und verraten. Jesus schreit nicht, weil ihm körperlicher Schmerz zugefügt wird, sondern aus Verzweiflungschrei.

Die Schicksalsschilderung ist klar und deutlich. Allerdings werfen die Formen der Vokalisation Fragen auf. Wenn es zunächst heißt, dass Jesus in der neunten Stunde laut schreit und spricht, so ist nicht klar, ob das Schreien und Sprechen identisch sind, ob Sprachsinn und Leibpathos ein Unisono bilden. Oder präludiert der schrille Laut die verzweifelte Gottesanrufung «Eli, Eli»? In Vers 50 schreit der Gekreuzigte abermals – und stirbt. Die Stimme bleibt, doch ist sie für die Sprache nicht mehr zu gebrauchen; sie hat ihre Funktionen der Kontaktnahme und der Mitteilung verloren. Der griechische Urtext verdeutlicht, dass das nochmalige Schreien eine Steigerung bis zur Entäußerung darstellt, was nur äußerst schwach mit dem adverbialen «abermals laut» wiedergegeben wird. Blumenberg übersetzt «schrecklich schreien», was für ihn gleichbedeutend mit dem «kreischend-krächzenden Mißlaut des Dämons» ist.⁵

---

3   Hans Blumenberg: Matthäuspassion, Frankfurt a. M. 2015, S. 199.
4   Ebd., S. 200.
5   Ebd., S. 219. Zur reichhaltigen Semantik des Schreiens in der Bibel: Alexa Wilke: Schreien [2010], in: www.bibelwissenschaft.de/stichwort/27329/ (letzter Abruf 16.04.2024).

Alles Sprechen ist durch Hoffnungslosigkeit verloren gegangen. So wie der Schrei als letzte Artikulation noch kraftvolle Lebensbehauptung enthält, so sehr ist der Körper im Todeskampf auf seine tierische Kondition zurückgeworfen. Selbst der metaphysische Zweifel vermag sich nicht mehr durchzusetzen.

Was gesprochen oder gedacht wird, kann geschriebener Text werden. Der Schrei hingegen kennt keine Entsprechung zur wörtlichen Rede. Er wird bezeichnet, man kann auf ihn hinweisen, kann ihn charakterisieren. Wer liest, muss sich entscheiden: entweder den Gequälten als jemanden imaginieren, der das Wort in Richtung Himmel schreit, oder als jemanden, der in letzter Anstrengung die erfahrene Verachtung und Verlassenheit als pure gellende Lautgebung artikuliert. Der letzte Schrei ist von einer schrecklichen Leere umgeben, mehr noch, er ist Ausdruck der Leere, denn kaum ist anzugeben, ob er sich noch an jemanden richtet. Weder erwirkt er Erbarmen bei den Henkern noch eine erlösende Tat bei dem Übermächtigen.

Im Johannes-Evangelium endet der Tod auf gänzlich andere Weise. Dort wird berichtet, dass Pilatus eine Tafel anfertigen und oben am Kreuz befestigen lässt. Die Inschrift lautet: «Jesus von Nazaret, der König der Juden.» Die Titulierung, changierend zwischen Glaubensbekenntnis und Verhöhnung des Glaubens und dreifach befestigt, verdeckt das Entsetzen im Subjekt Jesus: «Diese Tafel lasen viele Juden, weil der Platz, wo Jesus gekreuzigt wurde, nahe bei der Stadt lag. Die Inschrift war hebräisch, lateinisch und griechisch abgefasst.»[6] Der Gegensatz zur Tragik bei Matthäus könnte nicht größer sein: Der Schrei dokumentiert das Versagen des Sinns; im Johannes-Evangelium wird der erhabene Sinnverlust durch ein Plakat geleugnet.

Wenn Johann Sebastian Bach in seiner *Matthäus-Passion* den Text des Evangeliums Wort für Wort übernimmt, dann steht zu vermuten, dass die Gefühlsdichte der Szene Mitanlass für die Vertonung war. Musik als vorsprachliches Seelenmedium transportiert ein Stück jener Leiblichkeit, die das Aussagen verdrängt. Die Herausforderung, dem Geschriebenen durch Verstimmlichung und orchestrale Begleitung eine Direktheit der Erfahrbarkeit aufzusetzen, stellt Sänger und Dirigenten vor keine kleine Aufgabe.

Bach hat den Bibeltext auf mehrere Stimmen verteilt und lässt neben dem Erzähler, der mit Tenorstimme als innerlich Betroffener seinen Bericht erstat-

---

[6] Johannes 19,20–21.

tet, auch das höhnende Volk als Chor auftreten. In verschiedenen Aufführungen wird der aramäische Jesus-Text vom Evangelisten als Zitat gesungen, in anderen – wie von der Partitur vorgesehen – vom Jesus-Darsteller, für den Bach eine Bassstimme vorgeschrieben hat.

EVANGELIST
Und von der sechsten Stunde an war eine Finsternis über das ganze Land bis zu der neunten Stunde. Und um die neunte Stunde schriee Jesus laut und sprach:
JESUS
Eli, Eli, lama asabthani?
EVANGELIST
Das ist: Mein Gott, mein Gott, warum hast du mich verlassen? Etliche aber, die da stunden, da sie das höreten, sprachen sie:
CHOR
Der rufet dem Elias.
EVANGELIST
Und bald lief einer unter ihnen, nahm einen Schwamm und füllete ihn mit Essig und steckete ihn auf ein Rohr und tränkete ihn. Die andern aber sprachen:
CHOR
Halt! Laßt sehen, ob Elias komme und ihm helfe?
EVANGELIST
Aber Jesus schriee abermals laut und verschied.[7]

Kann es gelingen, dem Schrei im gesungenen Sprechen oder in der orchestralen Sprachlosigkeit eine anschauliche Qualität zu verleihen? Die musikalischen Interpretationen der Passage variieren erheblich. Mal wird entgegen der Schilderung mit dezidierter Zurücknahme gesungen, fast leise. In vielen Fällen wird der zweifach verwendete Signifikant «laut» durch ein Forte hervorgehoben. Einige Sänger wiederum verleihen dem «Eli, Eli» mit der Kraft ihrer ausgebildeten Stimmen eine aufsteigende Intensität, die im Kontrast zum stets leise vorgetragenen «und verschied» steht.

So sehr die Musik die im Text angelegte Tragik verstärkt, so bleibt doch die Distanz zwischen dem existenziellen Schrei und der traditionellen Ästhetik bestehen. Die Wildheit der Artikulation tendiert zur Formlosigkeit, die in der barocken Gefühlscodierung aufgehoben werden muss. Bach kann aufgrund seiner Texttreue nicht anders, als den Klageschrei zu umgehen. Dem Verfah-

---

[7] http://opera.stanford.edu/iu/bachlib/BWV244.HTM (letzter Abruf 16.04.2024).

ren künstlerisches Versagen zu unterstellen, wäre ungerecht. Die Darstellung des Schreis kann nicht der Schrei selbst sein. Noch der strengste Naturalismus müsste scheitern, er liefe auf obszöne Anmaßung hinaus, die am mythischen und psychischen Inhalt nur scheitern kann.[8]

Viele Interpretationen der Rezitative fügen dem Text jedoch etwas hinzu, mit dem das Moment des Undarstellbaren angezeigt wird. In der Partitur wird der Satz «Aber Jesus schrie abermals laut und verschied» durch zwei Achtelpausen unterbrochen. Die Generalpause als aufbrechende Stille drängt sich zwischen «laut» und «verschied».

Aufführungen interpretieren diese Zeitangaben sehr unterschiedlich, zuweilen wird die Pause sogar unterdrückt. Wo sie auffällig gedehnt wird, ist sie mehr als ein rhetorischer Trick zur Emotionsverstärkung. Die Pause ist eine Frage: Soll ich, Hörer, in der Stille – im Nichts? – den Schrei der Vergeblichkeit hören oder schon die Ruhe des Todes darin ausmachen, noch bevor er benannt ist? Für einen kurzen Moment besteht die Chance, Schrei und Tod, Klage und Schweigen als inneres Hörbild zu evozieren. Die auch noch per Fermate länger gehaltene Schlusspause – Sechzehntel- plus Viertelpause – gehört der Totenstille, die von keinem Applaus gestört werden darf.

Ob in der Sprache oder in der Musik, der Verzweiflungsschrei bleibt ungehört. Die Kluft zwischen Darstellung und Dargestelltem wird vor allem in der Bildenden Kunst spürbar. Wie in zwei folgenden Kapiteln noch gezeigt wird, haben sich Künstler und Theoretiker von der Frage beunruhigen lassen, wie und ob der Affektlaut mit der lautlosen Kunst zu vereinbaren sei. Betrachtet man Beispiele aus der umfangreichen Kreuzigungsikonografie, die grundlegend in der christlichen Imaginationskultur gewirkt hat, so scheinen die Künstler von der Fragestellung wenig betroffen gewesen zu sein. Die Erklärung liegt auf der Hand: Stets musste die Würde des Heilands gewahrt bleiben; ein weit aufgerissener Mund hätte die Gesichtszüge zur erlösungslosen Fratze entstellt und wäre in ihrer Hässlichkeit nicht mehr als verehrungswürdig

---

8   Für Blumenberg ist der undarstellbare Schrei die Stelle, wo das Nichts berührt wird, Skandalon für jeden Gläubigen. Blumenberg: Matthäuspassion, S. 220.

Abb. 1: Schelte Adams Bolswert: *Christus aan het kruis*, naar Peter Paul Rubens, o. J. (Detail)

wahrgenommen worden. Die Milderung des «schrecklichen Schreis» zu einem Hauchen oder Seufzen verdeutlicht aber auch, dass der Gefühlsrealismus in den Versen des Matthäus die Grenze der Vorstellungskraft berührt (Abb. 1). Der Schrei als Ausdruck der ultimativen Gott- und Menschenverlassenheit kann nicht von dieser Welt sein. Wer aber wollte, wenn es möglich wäre, diesen Schrei wirklich hören?

Dem biblischen Mythos vom Sterben in die Sinnlosigkeit hinein hat Rainer Maria Rilke in seinem Roman *Die Aufzeichnungen des Malte Laurids Brigge* (1910) eine profane Variation hinzugefügt. Zeichnet sich die Bibelerzählung durch epigrammatische Knappheit aus, übermittelt der Erzähler des Romans die epische Schilderung des verzweifelten Sterbens des Großvaters. Der Kammerherr Brigge, ein großer, schwerer, alter Mann, trägt einen gewaltigen Tod in sich – «zwei Monate lang und so laut, daß man ihn hörte bis aufs Vorwerk hinaus».[9] Alles, was an Leben und womöglich an gewünschtem Noch-nicht-Gelebten in ihm war, geht über in eine Unsagbarkeit, unheimliche Verdrießlichkeit und in einen Schmerz sondergleichen. Etwas geschieht mit seiner Stimme: «Es war eine Stimme, die noch vor sieben Wochen niemand gekannt hatte: denn es war nicht die Stimme des Kammerherrn. Nicht Christoph Detlev war es, welchem diese Stimme gehörte, es war Christoph Detlevs Tod.»[10] Wie Jesus am Kreuz verliert die Stimme die Sprache. Wenn es Nacht wurde,

> dann schrie Christoph Detlevs Tod, schrie und stöhnte, brüllte so lange und anhaltend, daß die Hunde, die zuerst mitheulten, verstummten und nicht wagten sich hinzulegen und, auf ihren langen, schlanken, zitternden Beinen stehend, sich fürchteten. Und wenn sie es durch die weite, silberne, dänische Sommernacht im Dorfe hörten, daß er brüllte, so standen sie auf wie beim Gewitter, kleideten sich an und blieben ohne ein Wort um die Lampe sitzen, bis es vorüber war. Und die Frauen, welche nahe vor dem Niederkommen waren, wurden in die entlegensten Stuben gelegt und in die dichtesten Bettverschläge; aber sie hörten es, sie hörten es, als ob es in ihrem eigenen Leibe wäre, und sie flehten, auch aufstehen zu dürfen, und kamen, weiß und weit, und setzten sich zu den andern mit ihren verwischten Gesichtern. Und die Kühe, welche kalbten in dieser Zeit, waren hülflos und verschlossen, und einer riß man die tote Frucht mit allen Eingeweiden aus dem Leibe, als sie gar nicht kommen wollte. Und alle taten ihr Tagwerk schlecht und vergaßen das Heu hereinzubringen, weil sie sich bei Tage ängstigten vor der Nacht und weil sie vom vielen Wachsein und vom erschreckten Aufstehen so ermattet waren, daß sie sich auf nichts besinnen konnten[11].

---

9   Rainer Maria Rilke: Die Aufzeichnungen des Malte Laurids Brigge [1910], in: ders.: Werke, Zweiter Band, Frankfurt a. M. 1955, S. 141–313, hier: S. 145.
10 Ebd., S. 147.
11 Ebd., S. 148.

Der Schrei des Todes symbolisiert pure Vergeudung. Die Lautgabe schlägt die Lebenden, die mit Angst, Schwäche, Verschlossenheit und Wortlosigkeit reagieren. Rilke unterlässt es nicht, den biblischen Urtext nachhallen zu lassen, der den Zweifel an des Gottes Existenz und an der Gewolltheit des Seins andeutet:

> Und wenn sie am Sonntag in die weiße, friedliche Kirche gingen, so beteten sie, es möge keinen Herrn mehr auf Ulsgaard geben: denn dieser war ein schrecklicher Herr. Und was sie alle dachten und beteten, das sagte der Pfarrer laut von der Kanzel herab, denn auch er hatte keine Nächte mehr und konnte Gott nicht begreifen.[12]

In der Kehle, in der Brust sitzt die Seele fest. Sie begreift, dass es nicht weitergeht, dass weder Leben noch Sterben gelingen wollen. Der Mythos des Evangeliums bekommt durch Rilkes Adaption Realismus-Charakter: Wenn das Subjekt dorthin gerät, wo es nicht mehr Ich ist, an den Punkt, wo es feststeckt, es nichts mehr zu entscheiden gibt, dann beginnt es zu schreien.[13]

---

12 Ebd.
13 Ich beziehe mich hier auf Michel Serres: Die fünf Sinne. Eine Philosophie der Gemenge und Gemische, Frankfurt a. M. 1993, S. 11–16.

Schmerzensschrei

Im Schmerz wird der Mensch armselig. Er verliert seine Fasson, Gemütsruhe und das Interesse an den Weltdingen. Wer Schmerzensschreie ausstößt, sucht auch nach Erleichterung. Als expressive Notäußerung wollen sie sich an jemanden richten, wollen an das Pflichtgefühl zur Barmherzigkeit appellieren. Als Signal und Kampfruf enthält der Schrei die Forderung an Ärzte, Sanitäter, Pflegepersonal, Zauberer und Schamanen, Maßnahmen der Linderung zu ergreifen.

Die Armut in der Schmerzensnot legt das Subjekt frei, entkleidet es von seinem erlernten Verhalten. Böswillige nutzen die Wehrlosigkeit, um aus sadistischer Lust, in kriegerischer Absicht oder aus psychopathischer Machtgier den Hilflosen zu erniedrigen. Der Schrei wird für die Perversen zur Gewissheit ihrer Überlegenheit.

Einen milden Fall von Aggressivität bei gleichzeitigem Mitgefühl liefert eine Anekdote, die Sigmund Freud in seiner Studie *Der Witz und seine Beziehung zum Unbewußten* mitteilt.

> Der Arzt, der gebeten worden ist, der Frau Baronin bei ihrer Entbindung beizustehen, erklärt den Moment für noch nicht gekommen und schlägt dem Baron unterdes eine Kartenpartie im Nebenzimmer vor. Nach einer Weile dringt der Wehruf der Frau Baronin an das Ohr der beiden Männer. ‹Ah mon Dieu, que je souffre!› Der Gemahl springt auf, aber der Arzt wehrt ab: ‹Es ist nichts, spielen wir weiter.› Eine Weile später hört man die Kreißende wieder: ‹Mein Gott, mein Gott, was für Schmerzen!› – ‹Wollen Sie nicht hineingehen, Herr Professor?› fragt der Baron. – ‹Nein, nein, es ist noch nicht Zeit.› – Endlich hört man aus dem Nebenzimmer ein unverkennbares: ‹Ai, waih, waih› geschrien; da wirft der Arzt die Karten weg und sagt: ‹Es ist Zeit.›[1]

---

[1] Sigmund Freud: Der Witz und seine Beziehung zum Unbewußten, in: ders.: Studienausgabe, Bd. IV, Psychologische Schriften, Frankfurt a. M.1970, S. 9–219, hier: S. 78.

Freud nennt diese Geschichte eine «komische Entlarvung».[2] Leserinnen, die den Geburtsschmerz erlebten, werden den komischen Aspekt kaum zu würdigen wissen, sie werden vor allem die Herzlosigkeit der beiden Männer als Affront und Empathielosigkeit begreifen. Die Lust am ludischen Zeitvertreib und die Qual der Geburt bilden Sphären größter Distanz. Vor allem die professionelle Attitüde des Arztes, der mit kalter Affektsemiotik die Lage der Leidenden professionell beurteilt, muss empören.

Als Humoreske hat die Geschichte jedoch nicht den Anspruch auf Realismus und psychologische Authentizität. Die aggressive Entlarvung, die durch die Darstellung des Schreis erfolgt, ist nicht einfach als Frauenfeindlichkeit abzutun. Sie lässt sich ebenso als Kritik am Aristokratismus deuten. Adel zeichnet sich durch seine klassenformierten Codes der Vornehmheit, Kultiviertheit, Distinguiertheit und der überheblichen Unverfügbarkeit aus. Diese Dispositionen kommen auch in der Sprache zum Ausdruck. Die im Dreischritt erfolgte Erosion der Sprache signalisiert den Zusammenbruch der klassenkonditionierten Verhaltenshülle. Ruft die Baronin am Beginn noch in französischer Sprache den Arzt, wechselt sie alsbald ins Deutsche und endet im geschrieenen «Ai, waih, waih». Freud bleibt in seinem Kommentar zurückhaltend, wenn er verallgemeinernd feststellt, dass «der Schmerz durch alle Schichtungen der Erziehung die ursprüngliche Natur durchbrechen läßt».[3] Die Aggression in Gestalt der Teilnahmslosigkeit gegen die Frau hat unverkennbar klassenverachtende Züge: Der hochgeborene Mensch wird in seinem Weh zum Menschen unter Menschen degradiert. Jede Wehe ist ein Messer, das größere Stücke aus der adeligen Feinstofflichkeit und Preziosität schneidet. Der Schrei bildet den Moment, in dem die Natur in ihrer Rohheit und Primitivität alles Kulturelle zerreißt.

Einiges spricht dafür, dass der Schrei eine anthropologische, kulturunabhängige Tatsache ist. Wäre es anders, ließen sich codierte Formen des Schreiens identifizieren, die Auskunft über je sich variierende Anlässe gäben und in Folge das kontextsensible Verstehen und Handeln der Lebensweltmitbewohner motivierten. Die Anekdote widerspricht allerdings in dreifacher Hinsicht dem naturalistischen Paradigma. Der Schmerzensschrei der Baronin zeigt durch die phonetische Übersetzung unverkennbar eine jiddische Einfärbung.

---

2 Ebd., S. 188.
3 Ebd., S. 78.

Im «winzigen Detail»⁴ wird nicht nur die Oberflächlichkeit der Klassenzugehörigkeit entlarvt, zum Vorschein kommt das assimilierte Judentum, das in Wien eine große Rolle spielte. Enthüllt wird nicht die unraffinierte Natur, sondern der unhintergehbare Ursprung, der von Geburt den Menschen prägt.

Die Macht der kulturellen Prägung deutet sich unüberhörbar in den beiden sprachlich geäußerten Hilferufen der Baronin an. Der Wechsel der Sprachen lässt sich intertextuell auf die letzten Worte Jesu beziehen: «Mein Gott, mein Gott, warum hast du mich verlassen?» Die Klage des Gekreuzigten erfolgt im Matthäus-Evangelium ebenfalls in zwei Sprachen, die jeweils andere kulturelle Umwelten aufrufen, um ebenfalls am Ende im nackten Schrei aufzugehen. Auch wenn das geschrieene «Ai, waih, waih» der Baronin nur mehr eine parasprachliche Interjektion ist, so bleibt dennoch die eingepflanzte Kulturalität hörbar. Die sprachformale Ähnlichkeit und Vergleichbarkeit mit dem biblischen Schmerzensmann bewirken allerdings nicht Gleichheit der Schmerz- und Schreibewertung: Der weltliche Leidruf erscheint als Karikatur der Passion und als Ausdruck einer Verweichlichten, die sich in der Selbsterhöhung lächerlich macht.

Die Härte des Humors entspringt dem Spiel mit Sprachmasken – und verleiht dem Text das Potenzial zum Lehrstück. Theatralisch Begabte können die Witzerzählung als Anleitung und Übungsanlass für gezielt eingesetzte Performances auffassen. Als Schreivirtuosen mit Situationsgespür wären sie in der Lage, die gespielte Not als Verführungsmaßnahme zu nutzen, um in den Genuss von Aufmerksamkeit zu gelangen. Michel Leiris kann als Zeuge für dergleichen Inszenierungen aufgerufen werden. Nach familiärer Überlieferung tat der kleine Michel manchmal so, als fiele er aus dem Bett: «[Ich] schrie dramatisch, zu dem einzigen Zwecke, meine Eltern zu stören, die, wenngleich nicht im geringsten mondän, damit beschäftigt waren, ihre Gäste zu einem Diner oder einer anderen Zusammenkunft zu empfangen, von der ich, meines jugendlichen Alters wegen, ausgeschlossen war.»⁵ Die Überführung ins Schauspiel versetzt den Schrei ins Erwartbare und Durchschaubare, er ist nicht mehr die Reaktion auf den Schock des Realen.

---

4   Ebd., S. 77.
5   Michel Leiris: Schreie [1988], in: Bernd Mattheus, Cathrin Pichler (Hg.): Über Antonin Artaud, München 2002, S. 83–85, hier: S. 85.

Abb. 2: Fritz Lang: *Metropolis* (Szenenbild), 1927

Schrei der Masse

In Thea von Harbous Roman *Metropolis* (1925), Vorlage für den berühmten Film Fritz Langs, führt die Geschichte zu einem Gebäude, dessen Name als nächtlicher Leuchtschriftzug wieder und wieder im Erzählverlauf aufscheint und ein ungesagtes Versprechen zu beinhalten scheint: Yoshiwara. Das Innere beherbergt eine Stätte, die Züge des Varietés, des religiösen Kultus und der Psychiatrie aufweist. Die Menschen, die es ins Yoshiwara zieht, konsumieren dort Maohee, ein Gift, «das uns den Rausch der anderen empfinden läßt. [...] Nicht eines anderen, – nein, der Masse, die sich zu einem Klumpen ballt, den zusammengeballten Rausch der Masse gibt Maohee seinen Freunden ...»[1] Der Ort der Entgrenzung hat die Form einer sich drehenden Muschel, worin sich Schauspiel und Schauerspiel aus Ritus, Massenwahn und psychedelischer Ich-Auflösung ereignen.

> Plötzlich beginnt der Muschelrand sich zu drehen, sanft ... oh, sanft ... nach einer Musik, die einen zehnfachen Raubmörder zum Schluchzen bringen würde und seine Richter dazu, daß sie ihn auf dem Schafott begnadigten — nach einer Musik, bei der sich todgeschworene Feinde küssen, bei der die Bettler glauben, Könige zu sein, bei der die Hungrigen vergessen, daß sie Hunger haben, – nach dieser Musik schwingt sich die Muschel um ihren ruhenden Kern, bis sie sich vom Erdboden loszulösen scheint und schwebend um sich selbst schwingt. Die Menschen schreien, – nicht laut, nein, nein! – Sie schreien wie die Vögel, die auf dem Meer baden.[2]

Inmitten der Muschel steht ein Mensch, eine Predigergestalt, ein Charismatiker, «der menschgewordene Inbegriff vom Rausche aller». Der Roman überzeichnet den massenpsychologischen Mechanismus der totalen Affektsynchronität, der Selbsterhöhung bei gleichzeitiger Selbstauslöschung in der atmosphäri-

---

1 Thea von Harbou: Metropolis [1925], Berlin 1926, S. 96.
2 Ebd., S. 97.

schen Ein-Verleibung in die Masse. Das tierhafte Schreien korrespondiert mit dem Brüllen des ideologischen Einpeitschers, der glaubt, eine «Maschine zu sein».[3] Er bannt die Rauschgemeinschaft mit Höllen- und Todeslockungen: «Betet mich an und wißt: Ich höre euch nicht! Schreit zu mir: Pater noster!»[4] Die Entgrenzung des Individuums in den Irrsinn vollendet sich an späterer Stelle des Romans. Erzählt wird, wie die Masse aus dem Gebäude ausbricht und als nicht endender Zug in die Stadt flutet. Der Wahnsinn der Berauschten zeigt sich in einem ekstatischen Totentanz mit funkensprühenden Fackeln, Selbstgeißelung, Keuchen und aufgerissenen Augen. Die Stimme der Tänzermasse besteht in einem «Kreischen», «spitz und schrill».[5]

Harbous Untergangsvision ist unverkennbar von den Massendemonstrationen in den 1920er-Jahren angeregt worden, eine Epoche, die von Krisengewissheit und Revolutionsbegehren befeuert war. Elias Canetti, 1922 verstört von eigenen Massenerlebnissen[6], wird sich über Jahrzehnte an der Rätselhaftigkeit des Phänomens abarbeiten. Die Haftkräfte der Masse sind für Canetti vor allem auf Zerstörung und Entladung gerichtet, die eine eigene Expressivität hervorbringen. Wie bei Harbou kulminiert die kollektivierte Destruktionskraft im Schrei:

> Am liebsten zerstört die Masse Häuser und Gegenstände. Da es sich oft um Zerbrechliches handelt, wie Scheiben, Spiegel, Töpfe, Bilder, Geschirr, neigt man dazu zu glauben, daß es eben diese Zerbrechlichkeit von Gegenständen sei, die die Masse zur Zerstörung anreizt. Es ist nun gewiß richtig, daß der Lärm der Zerstörung, das Zerbrechen von Geschirr, das Klirren von Scheiben zur Freude daran ein Beträchtliches beiträgt: Es sind die kräftigen Lebenslaute eines neuen Geschöpfes, die Schreie eines Neugeborenen. Daß es so leicht ist, sie hervorzurufen, steigert ihre Beliebtheit, alles schreit mit einem und den anderen mit, und das Klirren ist der Beifall der Dinge.[7]

Die Sehnsucht nach Macht kann auf schnellem Weg Befriedigung finden, wenn Individualität aufgegeben wird. Die Entgrenzung mag subjektiv Macht-

---

3 Ebd., S. 100.
4 Ebd., S. 101.
5 Ebd., S. 238.
6 Elias Canetti: Die Fackel im Ohr. Lebensgeschichte 1921–1931, Frankfurt a. M. 1982, S. 78–80.
7 Elias Canetti: Masse und Macht [1960], Frankfurt a. M. 2001, S. 10.

losigkeit bedeuten, erlebnishaft erwächst daraus das Glück des kollektiven Machtzuwachses.

> Die stockende Masse lebt auf ihre Entladung hin. Aber sie fühlt sich dieser sicher und verzögert sie. Sie wünscht eine relativ lange Periode der Dichte, um sich auf den Augenblick der Entladung vorzubereiten. Man möchte sagen, sie erwärmt sich an ihrer Dichte und hält so lange wie möglich mit der Entladung zurück. Der Prozeß der Masse beginnt bei ihr nicht mit Gleichheit, er beginnt mit Dichte. Die Gleichheit wird hier zum hauptsächlichen Ziel der Masse, in das sie schließlich mündet; jeder gemeinsame Schrei, jede gemeinsame Äußerung drückt diese Gleichheit dann gültig aus.[8]

Alles Trachten wird Gefühl, die Stimme zum Sound einer übergeordneten Instanz. Die unaufgelöste Dialektik aus Fesselung und Entkettung, aus Artikulation und Geräusch, aus warmer Beseelung und moralischer Kälte hat Robert Musil in seinem Roman *Der Mann ohne Eigenschaften* (1930/1932) in einer Demonstrationsszene zur klaren Darstellung gebracht:

> Wahrscheinlich springt die auf Entspannung drängende Erregung einer Menge, die keinen Ausweg für ihre Gefühle hat, auf jede Bahn über, die sich unversehens öffnet, und voraussichtlich werden es unter allen die Erregbarsten, Empfindlichsten und Widerstandsunfähigsten sein, das heißt aber auch die Extremen, zu plötzlicher Gewalttat oder rührseligem Edelmut Fähigen, die das Beispiel geben und den Weg öffnen; sie bedeuten in der Masse die Punkte des geringsten Widerstandes, aber der Schrei der mehr durch sie hinausstößt, als daß er von ihnen ausgestoßen würde, der Stein, der ihnen in die Hand kommt, das Gefühl, in das sie ausbrechen, legen den Weg frei, auf dem die anderen, die ihre Erregung aneinander bis zur Unerträglichkeit gesteigert haben, besinnungslos nachdrängen, und sie geben den Handlungen ihrer Umgebung die Form der Massenhandlung, die von allen halb Zwang und halb Befreiung empfunden wird. [...] Im nächsten Augenblick sauste dieser Schlag durch die Luft und sah wunderlich genug aus, denn er bestand aus einem Schrei der Entrüstung, von dem man früher die aufgerissenen Münder sah, als man den Laut hörte. Schlag um Schlag klappten die Gesichter in dem Augenblick auf, wo sie auf den Plan traten, und da das Geschrei der weiter Entfernten von dem der inzwischen nahe Gekommenen übertönt wurde, konnte man bei fern gerichtetem Blick dieses stumme Schauspiel sich immer wiederholen sehn.[9]

---

[8] Ebd., S. 17.
[9] Robert Musil: Der Mann ohne Eigenschaften [1930/1932], Reinbek b. Hamburg 2000, S. 627, 229.

Abb. 3: Joseph Goebbels' Sportpalastrede, 18. Februar 1943

Was aber wollen die Entrüsteten sagen? Einer, der die Masse beobachtet und ihr zuhört, fragt: «Aber was schreien sie eigentlich? Ich kann es bei dem Lärm nicht verstehen.»[10]

Harbous Rollenbild des Einpeitschers als Zentrum des aufrührerischen Kollektivs und als Initiator des vielstimmigen Schreis (Abb. 2) nimmt vorweg, was am 18. Februar 1943 in Joseph Goebbels' berüchtigter Sportpalastrede Realität wurde. Ton- und Filmaufnahmen vermitteln einen Eindruck der sturen Affektion im Massengeschehen. Goebbels bellt eine Reihe von rhetorischen Fragen in die Menge, unter anderem jene, die den totalen Krieg einfordert.[11] Die klaren Botschaften des Rufers verwandeln sich in Rausch und Rauschen. Die Menschen springen auf, reißen die Arme zum Hitlergruß in die Höhe und schreien chorisch Unverständliches (Abb. 3).

Goebbels bezeichnete seine Rede als «psychologische Aktion», mit der er es verstand, «in einem Ruck die Schockwirkung von Stalingrad aufzufan-

---

10 Ebd., S. 629.
11 Nachzuhören ab 1:35.00 unter: https://www.youtube.com/watch?v=vUuoKelrHvU (letzter Abruf 16.04.2024).

gen und sie zu einem positiven Kraftzuwachs für das ganze deutsche Volk zu machen».[12] Die Energiemetaphorik findet sich auch im letzten Satz der Goebbels-Rede: «Nun, Volk, steh auf und Sturm brich los.» Der Kollektivschrei aus dem «Rachen des Volkes»[13] hätte den Wind der Geschichte symbolisieren können, was der Kriegsverlauf jedoch verhinderte. Der entmenschte Schrei spielte die Rolle der großen Illusion der Gemeinschaft. Er kam aus einem Körper, den nur für einen Moment Kohäsionskräfte zusammenhielten.

Das Schreien der Masse zeichnet sich durch Nullsinn aus. Die seelische Thermodynamik ist ausschließlich dazu bestimmt, kollektive Übereinstimmung zu erzeugen. In der wechselseitigen Affizierung der Vielen kommt es zu einem Rückkopplungseffekt, der notwendigerweise zusammenbrechen muss. Die Energiezufuhr in Gestalt des Noch-Lauter erreicht rasch ihre physiologischen und psychischen Grenzen. Erschöpfung ist das Resultat. Die ermüdende Fragerhetorik Goebbels' liefert ein Beispiel: Die Reaktionen seines Publikums fallen am Beginn enthusiastisch aus, das Gebrüll ist laut und ausdauernd, zum Ende hin dünnt sich das Geräusch aus, verknappt sich zu stimmlosem Applaus.

---

12 Die Tagebücher von Joseph Goebbels, Band 7, Januar–März 1943, hg. v. Elke Fröhlich, Berlin, Boston 1993, S. 283.
13 Musil: Mann ohne Eigenschaften, S. 629.

Abb. 4: Bernard Lens: Illustration of Bedlam from *A Tale of a Tub* by Jonathan Swift, 1710

Schrei der Wahnsinnigen

Im späten 18. Jahrhundert hat sich in London eine kleine Gesellschaft zusammengefunden. Ein Mitglied der Runde macht den Vorschlag, das hiesige «Tollhaus» zu besuchen. Es handelt sich um das *Bethlehem Hospital*, das dafür bekannt ist, auch Besucher zuzulassen, die keine Verbindung zu den Insassen haben. Harley, ein junger Mann, äußert Missmut darüber, «das größeste Elend, dessen die Menschheit fähig ist, einem jeden Thoren zur Schau zu stellen, der dem Aufseher ein Trankgeld giebt».[1] Die moralische Bedenklichkeit wird jedoch überstimmt und man macht sich auf den Weg.

> Ihr Begleiter führte sie erstlich zu den engen Verhältnissen derjenigen, welche in dem fürchterlichsten Zustande einer unheilbaren Wuth sind. Das Klirren der Ketten, die Wildheit des Geschreies und die Flüche, welche einige ausstießen, machten einen unerträglichen Anblick. Harley und seine Begleiter, besonders die Frauenzimmer, baten den Führer umzukehren. Er schien sich über ihre Aengstlichkeit zu verwundern, und es hielt schwer, ihn abzuhalten, daß er sich in der Sprache derjenigen, die wilde Thiere zu zeigen haben, ausdrückte, daß sie weit sehenswürdiger als alle bisherigen seien, weil sie zehnmal wilder und fast unbezwinglich wären.[2]

Die Schilderung kann nicht beanspruchen, ein realistisches Bild der Verhältnisse in der prä-psychiatrischen Institution zu zeichnen, denn sie entstammt dem sehr erfolgreichen sentimentalen Roman *The Man of Feeling* (1771) von Henry Mackenzie. Bezeichnend ist jedoch die Grundhaltung zwischen Abscheu und Faszination, die unüberbrückbare Kluft zwischen bürgerlicher Geselligkeit und tierhaftem Wüten. Eine frühere Buchillustration (Abb. 4) bestätigt die Gegenweltlichkeit, die sich in der Nacktheit des Irren, seinem Schreien und Toben sowie der Fesselung aufgrund von Gefährlichkeit mani-

---

1   Henry Mackenzie: Der Mann von Gefühl, Berlin 1778, S. 47.
2   Ebd., S. 48.

festiert. Michel Foucault zufolge ist der Wahnsinn im 18. Jahrhundert «reine Negativität», «er ist totale Vernunftlosigkeit, die man sofort als solche auf dem Hintergrund der Strukturen des Vernünftigen wahrnimmt».[3] Die literarische Darstellung des Zusammenpralls zweier Welten enthält in ihrer dramatischen Überhöhung einen Wahrheitskern: Das Publikum, das sich im Theater des Wahnsinns eingefunden hat, kann an der Aufführung der extremen affektiven Exaltation erkennen, was es nicht sein möchte. Der Wahn ist für all jene «größtes Elend», die ihr Selbstverständnis aus der Selbstbeherrschung beziehen. Brüllen und Heulen bilden den Letztpunkt des Selbstverlustes. Die (Proto-)Psychiatrie als «Technologie der Anomalie»[4] wird zur Teststation, wo das Anderssein in der Distanzsicherheit vorstellbar wird und die Angst vor diesem Sein ihre zivilisatorische Wirkung entfalten kann. Die Anschauung des Wild-Unbezwinglichen generiert im selben Maße Sensationswert und eine schreckenerregende Lehre.

Das Hospital mit dem Namen des Geburtsortes des Welterlösers ist ein *locus horribilis*. Die Geburt der bürgerlichen Ideale und Sensibilität aus dem Geist des Horrors erscheint geradezu zwingend, denn in der Konstitutionsphase des Bürgertums übernehmen Abgrenzungs- und Differenzierungsbemühungen eine wichtige Funktion für die Etablierung einer homogenen Verhaltens- und Gefühlskultur. Die Qualitäten des Abnormalen, Abgründigen, der Gegennatur, des Dumpfen und Deformierten werden ästhetisiert, wodurch sie genießbar und reflektierbar werden.[5]

Circa 150 Jahre nach Mackenzie wiederholt Robert Musil in seinem Roman *Der Mann ohne Eigenschaften* (1930/32) die Szene des Psychiatriebesuchs, was wie eine intertextuelle Referenz auf das Werk des 18. Jahrhunderts anmutet. Eine Gruppe von vier Menschen aus der Wiener Oberschicht will den Frauenmörder Moosbrugger aufsuchen. Der Roman hat zuvor die Fragen nach Norm und Abnormität, Gesundheit und Wahnsinn, Moral und Unmoral durchgearbeitet. Ein nicht auflösbarer Zweifel, wie es sich mit den Gegensätzen verhält, durchzieht die Gespräche und Reflexionen des Romanpersonals. Das dargestellte Bürgertum von 1914 ist nicht mehr in der Phase der Selbstver-

---

3   Michel Foucault: Wahnsinn und Gesellschaft, Frankfurt a. M. 1977, S. 177.
4   Michel Foucault: Die Anormalen, Frankfurt a. M. 2003, S. 214.
5   Die Schauerliteratur, entstanden in der Mitte des 18. Jahrhunderts, gibt davon umfangreich Zeugnis.

gewisserung, sondern in der des Selbstzweifels und sogar des Selbstverlustes. Die Führung der Gruppe durch mehrere Abteilungen der Klinik ähnelt dem Besuch in der «Hölle», die sich durch elende «Phantasielosigkeit» auszeichnet. Musil entwirft trotz seiner Modernität ein Klinikbild, das dem Abjekt-Paradigma Mackenzies treu bleibt: Das «Irrenhaus» zeigt den ganzen Schrecken des Verstandesverlusts. Die Führung, angeleitet von Dr. Friedenthal, macht auch Halt bei den «Unruhigen». Noch bevor die Tür geöffnet wird, ist «ein Schreien und Schnattern»[6] zu vernehmen.

> Clarisse begann das Herz zu klopfen. Der General sagte anerkennend: ‹Vorhut, Nachhut, Flankendeckung!› Und so gedeckt, traten sie ein und wurden von den Wärterriesen von Bett zu Bett gebracht. Was in den Betten saß, flatterte, aufgeregt und schreiend, mit Armen und Augen; es machte den Eindruck, daß jeder in einen Raum hineinschreie, der nur für ihn da sei, und doch schienen alle in einer tobenden Konversation begriffen zu sein, wie fremde, in einen gemeinsamen Käfig gesperrte Vögel, von denen jeder die Sprache eines andern Eilands spricht. [...] Es kam ihr [Clarisse] vor, daß alle Kranken, an denen sie schon vorbeigekommen war, hinter ihr drein schrien, und die anderen, die sie noch nicht besucht hatte, ihr entgegenschrien.[7]

Clarisse, selbst eine vom Wahn gezeichnete Figur, nimmt mit Bestürzung die versachlichende Verwahrung der Kranken zur Kenntnis, die wie in einem Tierpark gehalten werden. Anders als im sentimentalen Roman nähert sich die junge Frau den Wütenden und gerät dabei in einen Zustand, in dem sich ihre Gedanken in Nebel auflösen, sie den Halt zu verlieren droht. Musil folgt in seiner Darstellung dem Muster der undurchdringlichen, tierischen Befremdung, die im Schrei gleichsam dinglich wird. Er unterscheidet sich jedoch vom Vorgänger Mackenzie durch die Metapher der Sprache und der Konversation. Etwas scheint sich in den Kranken zu bewegen, das sich mitteilen möchte, mehr ist als nackter Affekt. Das «Narrenhaus», wie einer der Besuchergruppe in obsoleter Diktion die Psychiatrie nennt, beherbergt zwar eine Gegenwelt, an der Musil aber die moderne Problematik der Übergänge zwischen dem Zoo der Kranken und der Welt außerhalb, insbesondere zur Kunst andeuten kann. In der «Ruhigen Abteilung für Männer» sieht sich die Gruppe mit einem Insassen konfrontiert, der malt. Wieder ist es Clarisse, die

---

[6] Robert Musil: Der Mann ohne Eigenschaften [1930/1932], Reinbek b. Hamburg 2000, S. 987.
[7] Ebd., S. 987, 989.

sich berühren lässt und denkt: «‹Sogar eine so ehrbare und anerkannte Kunst wie die akademische hat also ihre verleugnete, beraubte, dennoch zum Verwechseln ähnliche Schwester im Irrenhaus!›» Dr. Friedenthal kann seine Besucherin denn auch mit der Bemerkung beeindrucken, «daß er ihr ein andermal expressionistische Künstler zeigen könne».[8] Man darf in dem Satz Musil'sche Ironie erkennen, die nicht nur auf den prekären Status der neuen Kunst als entartete im bürgerlichen Kunstmilieu anspielt, sondern sich im Besonderen auf Edvard Munch und sein berühmtes Gemälde *Der Schrei* (1893, 1910) beziehen lässt. Dieses Bild und seine epochale Bedeutung werden in einem folgenden Kapitel Gegenstand der Darstellung sein.

Musils Psychiatrie-Episode fasst zusammen, was in der Geschichte der Institution ein durchgängiges Problem darstellt: Der Status des Irrsinnsschreis wechselt im psychiatrischen Diskurs zwischen blödsinnigem Nervenimpuls, Emotionsbekundung und codiertem Sinn. Trotz der Etablierung der Psychiatrie im 19. Jahrhundert als Ort der Krankenverwahrung, -pflege und Heilbehandlung (griech. *iātréia*, ‹das Heilen, Heilung›) sowie als Wissenschaft von der Seele stellten die Schreier widerständige Beunruhiger dar. Konnte man für die Frühzeit die unmenschliche Behandlung als Grund für den lauten Protest annehmen, so blieb auch für die späteren Mediziner das Problem der Krankheitsursache bestehen.[9]

Karl Jaspers kommt in seiner einflussreichen *Psychopathologie*, die seit 1913 zahlreiche veränderte Auflagen erlebte, an vier Stellen auf das Schreien zu sprechen. Auffällig ist, dass Jaspers, der das Verstehen des Seelenlebens als Anliegen der Psychiatrie postuliert, den starken affektiven Lautäußerungen keine eingehende Reflexion widmet. Im ersten Fall handelt es sich um eine Dorffamilie, die glaubte, sich mit Geistern in Verbindung setzen zu können. Während einer spiritistischen Sitzung konnte es zu «Krämpfen mit sinnlosen und sinnvollen abgebrochenen Worten» kommen.

> Die Schreie des in Krämpfen Liegenden waren Äußerungen der Geister. Die Phänomene unterschieden sich in nichts von hysterischen Phänomenen, aber sie traten nur

---

[8] Ebd., S. 984.
[9] Die Hilflosigkeit bei der Ursachenerkundung zeigt sich im Jahrhundert der Aufklärung in Auflistungen, die sich ständig verlängern. «Das achtzehnte Jahrhundert zählt sie [die Ursachen] ohne Ordnung oder Privileg in einer wenig organisierten Vielfalt auf.» Foucault: Wahnsinn, S. 223.

auf, wenn die Leute es wollten, wenn sie sich absichtlich zu diesem Zwecke in das Zimmer zu einer Sitzung begaben. [...] Mehrere Mitglieder der Familie sind aber später hysterisch erkrankt.[10]

Die zweite Erwähnung des Schreis steht im Zusammenhang der Psychosen bei geistig behinderten Menschen («Imbezillen»), die «primitiver erleben» und kaum ausgebildete Wahnideen aufweisen: «Erregungen äußern sich in ebenso eintönigen wie maßlosen Schrei- und Heulzuständen, Apathie in stumpfer Torpidität.»[11] Ebenso kurz und bündig ist die Schilderung der «Erscheinungen der motorischen Erregungen im Sprachapparat, die man Rededrang nennt»:

> Die Kranken sprechen, ohne daß uns dies aus Affekten verständlich wäre, ohne den Zweck der Verständigung und der Mitteilung, sinnlos alles Mögliche vor sich hin. [...] Sie reden manchmal leise und kommen über ein undeutliches Gemurmel nicht hinaus [...], manchmal leisten sie Unglaubliches in dauerndem Schreien; sie werden davon bald heiser, was den Rededrang nicht stört.[12]

Zuletzt erscheint der *clamor* bei der Beschreibung von anfallartigen Zuständen bei schizophrenen Krankheitsbildern: «Bei chronischen Zuständen gibt es das anfallsweise, stundenweise Auftreten von Schreien, Toben, Schlagen, Weinen, lebhaftesten Affektäußerungen, ferner von ‹gemachten› Erscheinungen, ‹Brüllzuständen› usw.»[13]

Wiederkehrend bezeichnet Jaspers die vokalen Äußerungen als «sinnlos», behauptet, dass sie «ohne Ausdrucksbedürfnis für wahnhafte Erlebnisse» erfolgen würden.[14] Dem «Motorischen», «Automatischen» und den «Entladungen» begegnet der Psychiater mit Distanz und Unverständnis. Sein Interesse gilt dem «differenzierten Seelenleben»; nur die Bestveranlagten, die «Material [...] aus hohen Kulturschichten» liefern, haben den Anspruch darauf, als voll durchseelt anerkannt zu werden und die Würde des Forschungsobjekts zu erlangen. «Daher ist die Ausdehnung der Psychopathologie, die

---

10 Karl Jaspers: Allgemeine Psychopathologie für Studierende, Ärzte und Psychologen, 3. Auflage, Berlin, Heidelberg 1923, S. 213.
11 Ebd., S. 110.
12 Ebd., S. 145.
13 Ebd., S. 312. Die Zitatandeutungen beziehen sich auf Daniel Paul Schrebers *Denkwürdigkeiten eines Nervenkranken*, siehe dazu Fußnote 26.
14 Ebd., S. 148.

gegenüber den Tieren hoffnungslos ist, zu einem guten Teile von dem Material abhängig, das aus hohen Kulturschichten ihr zufließt.»[15] Das schreiende Subjekt nötigt nicht zum methodischen Nachdenken über das Verstehen, vielmehr wird die gebildete lebensweltliche Voreingenommenheit in Bezug auf sprachliche Kommunikation zum dogmatischen Apriori.[16]

Jaspers' kürzelhafte Einlassungen zum Schrei bringen etwas zum Ausdruck, das in der jüngeren Geschichte der Wahnkonzeptionen strukturbildend ist. Der unartikulierte schrille Laut bezeichnet die undeutliche Grenze zwischen Natur, Tierleiblichkeit sowie Wildheit einerseits und Kultur, Geist, Kommunikativität andererseits. Der wahnsinnige Schrei ist nicht nur das deutliche Zeichen für Geisteskrankheit, infrage steht das Menschsein als kulturell verankerte Existenz.

Das Urteil der unkommunikativen Unvernunft des Schreis findet sich bereits am Ende des 18. Jahrhunderts bei Philippe Pinel, der bei den Kranken eine eigenartige Verbundenheit mit natürlichen Gegebenheiten erkennt:

> […] die Wahnsinnigen aller Art verfallen bei einem bevorstehenden Donnerwetter oder bei einer sehr heißen Witterung bei 16, 18 Grad des Reaumürischen Thermometers in eine vorübergehende Aufwallung, eine stürmische Unruhe. Ihr Gang ist schneller, sie schreien ohne Ordnung, ohne Zusammenhang; sie erzürnen sich bei der geringsten oder selbst ohne Ursache, und brechen dann in ein sehr durchdringendes und sehr verwirrtes Lermen aus.[17]

Jaspers' Anspielung auf das Tierreich wie auch Pinels auf die «heiße Witterung» lassen sich als Rück- und Vorausverweis auf Charles Darwins Evolu-

---

15   Ebd. S. 109. Zu den niederen Schichten gehören für Jaspers «einfachen Menschen», bei denen sich «die Monotonie der Hysterie» ausprägt. Er deutet damit an, dass er als Forscher wenig aus ihr beziehen kann. Erwähnenswert ist, dass Sigmund Freud und Josef Breuer die Hysterikerinnen in ihrer Praxis ganz anders charakterisieren; sie erkennen in ihnen Lebensbegehrlichkeit, ungewöhnliche künstlerische Begabung, Kampfbereitschaft, männliche Intellektualität, Leidenschaftlichkeit, poetische Einbildungskraft. Sigmund Freud, Josef Breuer: Studien über Hysterie [1895], Frankfurt a. M. 1979.
16   Auf diesen prekären methodischen Sachverhalt wurde ich hingewiesen von Monika Begemann-Deppe: Krankengeschichten als Beziehungsgeschichten. Karl Jaspers als Kasuistiker, Hamburg 2023 (Privatdruck).
17   Philippe Pinel: Philosophische Nosographie oder Anwendung der analytischen Methode in der Arzneikunde, 2. Band, Anhang, Tübingen 1799, S. VI.

tionsbiologie deuten. Darwin gibt in seiner späten Studie *The Expression of Emotions in Man and Animal* (1872) etwas vor, das bei Jaspers nachzuhallen scheint. Gleichzeitig widerspricht er dem gebildeten Psychiater, wenn er die Emotionalität der Kranken würdigt. Während Jaspers Natur als oppositär zur Psychologie auffasst, die allein dem Kulturwesen Mensch Rechnung trägt, führt der Naturforscher den Gemütsausdruck auf natürliche Vorprägungen zurück: Neben den Tieren, den Kindern, den sogenannten Wilden und Idioten müsse man «Geisteskranke studiren [...], da sie Ausbrüchen der stärksten Leidenschaften ausgesetzt sind, ohne sie irgendwie zu controliren».[18] Im Hinblick auf die psychiatrische Wirklichkeit zitiert er zustimmend den Psychiater Henry Maudsley, der den Schrei («howl») aus dem Fundus der Degeneration ableitet:

> Dr. Maudsley frägt, nachdem er verschiedene fremdartige thierähnliche Züge bei Blödsinnigen einzeln geschildert hat, ob dies nicht eine Folge des Wiedererscheinens primitiver Instincte sei — ‹ein schwaches Echo aus einer weit zurückliegenden Vergangenheit, Zeugen einer Verwandtschaft, welche der Mensch beinahe verwachsen hat.› So wie jedes menschliche Gehirn im Laufe seiner Entwickelung dieselben Zustände durchläuft, wie diejenigen, welche bei den niedern Wirbelthierclassen auftreten, und da das Gehirn eines Blödsinnigen sich in einem gehemmten Entwicklungszustande befindet, so können wir, fügt er hinzu, vermuthen, daß es ‹seine ursprünglichen Functionen offenbaren wird, aber keine von den höhern Functionen›. Dr. Maudsley meint, daß dieselbe Ansicht auch auf das Gehirn in seinem degenerirten Zustande bei manchen geisteskranken Patienten ausgedehnt werden dürfe, und fragt: ‹Woher kommt das wilde Fletschen, die Neigung zur Zerstörung, die obscöne Sprache, das wilde Heulen, die anstößigen Gewohnheiten, welche manche geisteskranke Patienten darbieten? Warum sollte ein menschliches, seiner Vernunft beraubtes Wesen jemals im Character so thierisch werden, wie es bei manchen der Fall ist, wenn es nicht in seinem Innern diese thierische Natur besäße?› Allem Anscheine nach muß diese Frage bejahend beantwortet werden.[19]

Die evolutionsbiologische These hatte ihren Vorläufer. In *Essays on the anatomy of expression in painting* (1806) schreibt Charles Bell über eine von ihm gezeichnete Illustration:

---

18 Charles Darwin: Der Ausdruck der Gemüthsbewegungen bei dem Menschen und den Thieren, Stuttgart 1877, S. 12.
19 Ebd., S. 224–225.

Abb. 5: Charles Bell: *Essays on the anatomy of expression in painting*, 1806

In the sketch [...] I have endeavoured to express fear mingled with wonder. [...] The scream of fear is heard, the eyes start forward, the lips are drawn wide, the hands are clenched, and the expression becomes more strictly animal, and indicative of such fear as is common to brutes.[20] (Abb. 5)

Auch Bell kommt auf die Geisteskranken zu sprechen und macht die an Jaspers erinnernde Feststellung, dass deren Wildheit sich durch einen Mangel an Sinnhaftigkeit auszeichne.[21]

Den Bruch zwischen sinnverlorenem Schrei und sinnverbürgender Sprache postuliert Wilhelm Griesinger, einer der Begründer der modernen, naturwissenschaftlich orientierten Psychiatrie, in Die Pathologie und Therapie der psychischen Krankheiten (1845). Über die «maniacalischen Störungen» ist zu lesen:

> Einmal nemlich kann sich dieses Bedürfniss grosser psychischer Kraftäusserung unmittelbar durch fortlaufenden Impuls in die motorischen Organe nach aussen werfen, gleichsam dahin explodiren, wodurch denn ein Zustand grosser äusserer Unruhe, anhaltender Muskelbewegung (Sprache, Mimik, Bewegung des Körpers im Ganzen) in Sprechen, Schreien, Lärmen, Tanzen, Springen, Toben etc. und damit die Form der sogenannten Tobsucht gesetzt wird.[22]

Der verselbstständigten Motorik ist nicht mit Einfühlung oder gar einsprechenden Therapien zu begegnen, im Gegenteil:

> Uebrigens muss man der äusseren Aufregung [der aufgeregten Kranken] nicht alsbald mit Zwangsmitteln, noch weniger mit Ermahnen und Predigen entgegen treten.

---

20 Charles Bell: Essays on the anatomy of expression in painting, London 1806, S. 145–146.
21 «[W]ant of meaning in their [madmen's] ferociousness.» Ebd., S. 155.
22 Wilhelm Griesinger: Die Pathologie und Therapie der psychischen Krankheiten, für Ärzte und Studierende. Stuttgart 1845, S. 209–210.

Am besten ist es, das Reden und Schreien solcher Kranken unbeachtet zu lassen und die Ausbrüche der Stimmung, nur wo sie gefährlicher Art sind, oder wo sie rückwärts zu einer neuen Quelle stürmischer innerer Erregung werden, durch Zwangsmittel zu beschränken, die dann aber kurz und schnell ohne vieles Reden und Streiten applicirt werden.[23]

Der Schrei als singuläre Äußerung ist unheimlich, ungeheuerlich, archaisch und unzugänglich. Während Jaspers, Maudsley und Griesinger die gegenweltliche Primitivität der vorsprachlichen Affektäußerungen betonen, erkennt Emil Kraepelin einen allmählichen Übergang zwischen den Zonen des Sagens und Schreiens. Auch bei ihm erscheint der Tiervergleich, allerdings ohne explizite evolutionsbiologische Grundierung.

[...] der vielleicht wochenlang regungslos stumme Kranke fängt plötzlich an, überlaut einige ganz unverständliche Schreie auszustossen, Kikeriki, Hurrah zu rufen, wie ein Hund zu bellen, mit verschmitzter Miene einen zeitgemässen Gassenhauer zu grölen. [...] In den sprachlichen Aeusserungen des Kranken macht sich die Ideenflucht und der Bewegungsdrang gleichzeitig geltend. Er kann nicht lange stillschweigen, schwatzt und schreit mit erhobener Stimme, lärmt, brüllt, johlt, pfeift, überstürzt sich im Reden, reiht zusammenhanglose Sätze, Worte, Silben aneinander, predigt mit feierlicher Betonung und leidenschaftlichen Gebärden, vom Hochtrabenden ganz unvermittelt ins Humoristisch-Gemüthliche, Drohende, Weinerliche verfallend oder plötzlich in ausgelassenem Lachen endigend.[24]

Die phänotypisierende Darstellung deutet an, dass die Affektäußerungen deutlich differenziert wahrgenommen werden können. Die Sprunghaftigkeit ist aber offenbar das Zeichen, dass sich das Subjekt in einer inkonsistenten Relation zu sich selbst und der Umwelt befindet. Die zitierten Passagen entstammen dem Kapitel über «Das manisch-depressive Irresein». Dieses Krankheitsbild zeichnet sich durch Unberechenbarkeit und Unvorhersehbarkeit der Zustände aus. Auf einem der wenigen fotografischen Krankenporträts des Lehrwerks zeigt Kraepelin eine Gruppe von Manischen, deren Zentrum eine Frau mit erhobener Schwurhand und mit zum Schrei geöffneten Mund bildet (Abb. 6). Im Text zum Bild heißt es:

---

23   Ebd., S. 377.
24   Emil Kraepelin: Psychiatrie: ein Lehrbuch für Studirende und Aerzte, II. Band, 7. Auflage, Leipzig 1903, S. 218, 510.

Abb. 6: Emil Kraepelin: *Manische Kranke*, 1903

> Zugleich beobachten wir eine gesteigerte Lebhaftigkeit der Gefühlsbetonung überhaupt und demgemäss eine erhöhte Beeinflussbarkeit der Stimmungslage, die zu häufigem und unvermitteltem Wechsel derselben führt. In die ausgelassene Heiterkeit schieben sich bei geringfügigen Anlässen Zornausbrüche mit rücksichtslosestem Schimpfen und Neigung zu Gewalttätigkeiten ein.[25]

Auch Kraepelins diagnostischer Blick verharrt im Oberflächengeschehen. Allen historischen Beispielen ist gemeinsam, dass der Schrei des Wahnsinnigen ein unhintergehbares Enigma bleibt. Vermutete Gehirnanomalien und die Degenerationsthese führen zuweilen zu Zweifeln an der humanen Basis der Äußerung. Den psychiatrischen Fachleuten gelingt es kaum, Rückschlüsse auf

---

25 Ebd., S. 506.

das Erleben zu ziehen. Der Schrei wird als Grenzphänomen wahrgenommen, das vor allem Fremdheit vermittelt.

Verlässt man die Perspektive der Beobachter und hört, was die Schreier zu sagen haben, so ergibt sich ein anderes Bild, eines, in dem Lebensweltnähe erkennbar ist. Dass der desperaten Vokalisation ein Verlust zugrunde liegen könnte, der unsagbaren Schmerz verursacht, ist dem autobiografischen Bericht des Senatspräsidenten Daniel Paul Schreber zu entnehmen. In den *Denkwürdigkeiten eines Nervenkranken* (1903) berichtet der Psychotiker unter anderem von einem «Brüllwunder», wofür er eine Erklärung anbietet:

> Noch jetzt habe ich fast ununterbrochen mit einer Art von Kopfschmerzen zu thun, die zweifellos keinem anderen Menschen bekannt und mit gewöhnlichen Kopfschmerzen kaum zu vergleichen ist. Es sind die ziehenden oder zerrenden Schmerzen, welche dadurch entstehen, daß die an Erden angebundenen Strahlen jeweilig, nachdem die Seelenwollust einen gewissen Grad erreicht hat, wieder einen Rückzug zu bewerkstelligen versuchen. Das in solchen Fällen meist gleichzeitig eintretende Brüllwunder verursacht bei öfterer Wiederholung ebenfalls eine sehr unangenehme Erschütterung des Kopfes; [...].[26]

Trotz der halluzinatorischen Metaphorisierung wird erkennbar, dass Schreber Erfahrungen des Verlassenseins und des Libidoverlusts durchlebt. Er fühlt sich durchdrungen von Strahlen verschiedener Qualitäten, aber vor allem von Gottesstrahlen. Im Wahn bekundet sich der Wunsch nach Verbundenheit – mit der Erde, mit der Schöpfung und mit Gott. Seine Libido trachtet nach Vereinigung und Zeugung. Der Rückzug der Strahlen erzeugt Schmerzen und einhergehend das Brüllen. Offenbar um Selbstheilung bemüht, sagt Schreber Gedichte auf, die jedoch durch «innere Stimmen» zum Schweigen gebracht werden. Nicht nur die «Lust am weiteren leisen Aufsagen von Gedichten vergeht [ihm]», «selbst die physische Möglichkeit dazu [wird ihm] benommen».[27]

Kann man wirklich sagen, dass sich in seinem Brüllen nichts als Unordnung, Entladung, Kulturverlust artikuliert? Selbst Jacques Lacan folgt trotz psychoanalytischer Orientierung der klassifikatorischen Tradition, wenn er im Brüllen Schrebers den «reinen Signifikanten», sich «verflüchtigende Bedeutung», den «äußersten, reduziertesten Rand der motorischen Beteiligung

---

[26] Daniel Paul Schreber: Denkwürdigkeiten eines Nervenkranken [1903], Wiesbaden 1973, S. 184.
[27] Ebd., S. 153.

des Mundes am Sprechen» meint ausmachen zu können.²⁸ Gewiss, der Körper interveniert. Doch darf man daraus auf einen Verlust metaphysischer Bemühung, des Kommunikationsinteresses und der Selbstreflexion schließen?

Ein extremes Beispiel für die Qualen des psychisch Kranken liefern die klinischen Berichte über Aby Warburg. Der Kunsthistoriker und Kulturwissenschaftler widerspricht dem Klischee des Idioten oder des vertierten Para-Menschen. Und doch bricht bei ihm 1918 eine schwere Psychose aus, die ihn zwingt, die Jahre bis 1924 in unterschiedlichen Psychiatrien zu verbringen. Er wird von einem halluzinatorischen Verfolgungswahn heimgesucht, der ihn in höchste Erregungen versetzt und aus ihm einen zur Gewalt neigenden Patienten macht. Über Jahre erleidet er Anfälle von stundenlangem Lärmen, Schimpfen, Klagen und Schreien. In einem Wärterprotokoll heißt es: «Wiederholt sehr laut. Gelegentlich sehr lautes Brüllen. Blutungen an der Luftröhre, ziemlich stark. Trotzdem spricht und schreit Patient immer weiter, läßt sich auch von Dr. Embden nicht abhalten.»²⁹ Die Redewendung, wonach sich Verzweifelte «die Seele aus dem Leib schreien», charakterisiert auf prägnante Weise die vokale Entäußerungen Warburgs. Wenn man unter Seele die nicht lokalisierbare Instanz versteht, die für die verschiedenen Vermittlungen zwischen Außenwelt und Innenwelt zuständig ist, dann trifft das Phrasem die verstörende Tatsache des Abgekoppeltseins von Lebensweltsituativität.

Die Beispiele Warburgs und Schrebers belegen, dass die Kluft zwischen Hochkultiviertheit und affektiver Auflösung nicht auf eine ontologische Opposition zurückzuführen ist. Zweifellos aber sind Gegenspieler am Werk. Warburg gibt während seines Sanatoriumsaufenthalts in einem autobiografischen Fragment folgende signifikante Selbstschreibung:

> Aus diesen Zeiten [der Fieberträume der Kindheit] stammt die Furcht, die durch unproportioniert zusammenhanglose Bilderinnerungen oder Sinnesreize der Geruchs- oder Gehörorgane hervorgerufen wurde, die Angst, die das Chaos hervorruft, der Versuch, intellektuell Ordnung in dieses Chaos zu bringen – ein Versuch, der ja als der

---

28   Jacques Lacan: Die Psychosen [1955–1956], Weinheim, Berlin 1997, S. 167, 168.
29   Ludwig Binswanger, Aby Warburg: Die unendliche Heilung. Aby Warburgs Krankengeschichte, hg. v. Chantal Marazia, Davide Stimilli, Zürich, Berlin 2007, S. 219.

tragische Kindheitsversuch des denkenden Menschen überhaupt bezeichnet werden kann – begann also sehr früh für meine nervöse Konstitution.³⁰

Die Erfahrung des Wahns bedeutet für den Kulturforscher nicht nur Unterbrechung des gesellschaftlichen Lebens und der Arbeit, sie geht ein in die Theoriebildung. In seinen Fragmenten zu einer psychologischen Anthropologie spielt die Kunst die Rolle der angstbannenden Instanz: Kunst ist das «Symptom [...] eines verzweifelten Ordnungsversuchs dem Chaos gegenüber». Warburg empfindet sich als «Seismograph»: «[ich lasse] die Zeichen, die ich empfange, aus mir heraustreten, weil in dieser Epoche eines chaotischen Untergangs auch der Schwächste verpflichtet ist, den Willen zur kosmischen Ordnung zu verstärken.»³¹ Warburg erkennt in seinem Wahn etwas, das der ganzen Menschheit auferlegt ist. Die blutende Luftröhre ist das drastische Symptom dafür, dass die Symbole versagen können, dass der Mensch auf dem unsicheren Grund der Vernunft lebt. Der Schrei entspringt einem Schmerz, einer Angst, einer Wut.

Entgegen der einfachen Opposition von Vernunft und Wahnsinn können Schreber und Warburg Gewährsleute dafür sein, dass der Schrei noch der Vernunft verpflichtet ist: Er ist der unvernünftige Ausdruck für den Schmerz aufgrund von Vernunftverlust. In dieser Perspektive wären Schreber und Warburg noch Restvernünftige, die zur Klage fähig sind.

Unabhängig von den Theoretisierungen erscheint der Gegensatz zwischen kultureller Bestimmtheit und Außer-sich-Sein lange Zeit als unüberwindbar. Ein Hoffnungsbild versuchte 1938 das *Life*-Magazin mit einer Bildreportage zu zeichnen. Auf sechs Seiten zeigt es expressive Porträts von Kranken und Therapiesituationen aus dem *Pilgrim State Hospital*, «a city of the insane with over 8,000 patients». Der Text ist bemüht, die Sorge um die stets wachsende Zahl an Geisteskranken zu beruhigen, indem die wissenschaftlichen sowie therapeutischen Fortschritte herausgestellt werden. In Anspielung auf

---

30   Aby Warburg: Erstes autobiographisches Fragment [1922], in: Ludwig Binswanger, Aby Warburg: Die unendliche Heilung. Aby Warburgs Krankengeschichte, Zürich, Berlin 2007, S. 101–103, hier: S. 101.
31   Aby Warburg: Reise-Erinnerungen aus dem Gebiet der Pueblo Indianer in Nordamerika [1923], in: ders.: Werke in einem Band, Berlin 2010, S. 567–600, hier: S. 574, 573. Gemeint ist hier auch die Erfahrung des Ersten Weltkriegs, dessen Ende den psychischen Zusammenbruch Warburgs einleitet.

Abb. 7: Alfred Eisenstaedt: *Insane Asylum Brentwood*, 1937

die schwarze Psychiatrie der Vergangenheit, in der die «Irren» als Gefangene behandelt wurden, behauptet der Artikel den Anbruch einer neuen Zeit: Die Wissenschaftler seien damit befasst, die Kranken zum «Licht der Vernunft» zu führen.[32]

Die Fotografien stammen von dem renommierten Fotojournalisten Alfred Eisenstaedt. Die Porträts sind mit klassifizierenden Legenden versehen, mit denen die drei Hauptgruppen der Klinikinsassen repräsentiert werden: die Schizophrenen, die Manisch-Depressiven und Paranoiker. Der Klinikalltag wird als einer dargestellt, der von pflegender Bedächtigkeit und organisierter Therapiegeschäftigkeit beherrscht ist. «Today asylums are becoming hospitals equipped and staffed to cure these patients. Today it is recognized that the majority recover under good treatment […].»

---

32 o. A.: The Shadow of Insanity, in: Life, March 14, 1938, S. 45–53.

Der Artikel zeigt nur den geringsten Teil der weit mehr als 300 Bilder, die Eisenstaedt 1937 aufgenommen hat.[33] Von den unsichtbaren Fotografien ragt eine heraus, in der die dunkle Seite der Psychiatrie fortlebt: Sieben Männer in Zwangsjacken mit Nummern auf der Brust finden sich zusammengedrängt in einer Ecke. Einer sitzt nicht niedergedrückt, sondern überragt die anderen und schaut mit zornigem Blick und aufgerissenem Mund zum Fotografen (Abb. 7). Den Schrei kann das Bild nur als stummes Pathosantlitz wiedergeben. Wir wissen nicht, ob sein Lärmen Grund für die Fesselung war, ob ihn das Foto im Augenblick des Protestes gegen die Fixierung zeigt, ob er Unverständliches oder Obszönitäten fluchte. Das Foto fügt sich in die Reihe der literarischen, ikonografischen und medizinischen Repräsentationen des Wahnsinns seit dem 18. Jahrhundert. Es durfte nicht erscheinen, weil die Dämonie darin ein Erschrecken bewirkt hätte. Der Schrei dementiert die Fortschrittszuversicht, weil ihm nur mit Gewalt begegnet werden konnte. Er bringt Unerträgliches zur Ansicht – eine Zone «elementarer Unzerstörbarkeit».[34]

---

33   Zu finden mit dem Stichwort «Pilgrim State Hospital» unter: https://artsandculture.google.com (letzter Abruf: 16.04.2024).
34   Aby Warburg: Bilder aus dem Gebiet der Pueblo-Indianer in Nord-Amerika [1923], in: ders.: Werke in einem Band, Berlin 2010, S. 524–566, hier: S. 554.

Abb. 8: Kopf des Laokoon, Detail der *Laokoongruppe*, 1. Jhdt. vor oder nach Chr.

Der unterdrückte Schrei

1756 erscheint Johann Joachim Winckelmanns *Gedanken über die Nachahmung der griechischen Werke in der Malerei und Bildhauerkunst*, eine Schrift, die innerhalb der deutschen Klassik Anlass für eine rege Debatte über das Verhältnis von emotionalem Erleben, Leibausdruck und Kunst sorgte. Im Zentrum des Interesses steht eine eher kurze Passage, die der antiken Laokoon-Skulptur gewidmet ist, deren Urheber und Entstehungszeit ungesichert sind. Die Marmorgruppe zeigt auf dramatische Weise den schmerzhaften Kampf des trojanischen Priesters und seiner zwei Söhne mit einer Schlange. Winckelmann setzte mit seinem Beitrag Paradigmen, die enorme diskursprägende Wirkungen entfalteten. Die neuere umfängliche literatur- und kunstwissenschaftliche Forschung zu diesem Komplex hat in mikrologischer Feinarbeit die kunst- und medienästhetischen Konfliktlinien und Zusammenspiele zwischen den Positionen erkundet. Erstaunlich ist jedoch, dass kaum je gefragt wird, warum der Mund des Laokoon in allen Traktaten als theoretische Wundstelle betrachtet wird.

Alle klassischen Autoren beziehen sich auf Vergils *Aeneas*, worin die mytho-literarische Ausprägung des Schmerz- und Verzweiflungsschreis des Helden drastisch beschrieben wird. Bei Vergil heißt es:

> Grässlich ertönt sein Jammergeschrei empor zu den Sternen,
> Gleich dem Gebrülle des Stiers, wenn verwundet er von dem Altar flieht
> Und von dem Nacken das Beil, das schwankend geführte, sich schüttelt.[1]

Der Schrei bekommt die Rolle des Majestätsmotivs zugewiesen, das daraufhin befragt wird, wie der Marmor-Laokoon im Vergleich mit der Vergil'schen Darstellung zu bewerten ist. Liefert er überhaupt das Bild des Schreis? Liegt

---

1 Vergil: Aeneis, www.gottwein.de/Lat/verg/aen02.php (letzter Abruf 16.04.2024).

ein unterdrückter oder geschönter Schrei vor? Oder zeigt das Bild etwas, das auf etwas anderes als Schmerz vorausdeutet (Abb. 8)?

Eine Beunruhigung geht von dem steingewordenen Schrei aus, die die Intellektuellen des 18. Jahrhunderts sinnhaft zu besänftigen suchen. Trotz differenzierter Positionen im Debattengefüge wird durchgängig eine bestimmte Vorstellung vom idealen Menschsein propagiert. Winckelmann gibt die Denkrichtung vor, wenn er in der Darstellung die vorbildliche Repräsentation des Schmerzes als gezügelte, auf Ruhe gestellte Leidenschaft erkennt. Nicht der Naturalismus, in dem «gar zu feurig und zu wild» alle Handlungen nachgeahmt werden, vermöge die Wirklichkeit der Leidenschaften zu spiegeln, denn darin sei alles flüchtig und heftig. Kunst brauche Gesetztheit, um Zeit für die Anschauung, um gedankliche und einfühlende Einlassung zu ermöglichen. Winckelmann kritisiert die Parenthyrsis, das übertriebene, unpassende Pathos in der Kunst. Sie ist ein Zeichen unterentwickelter Seelentätigkeit, in der die «Stärke des Geistes» nicht zur Anschauung gelangt. Die Vertierung im Schrei, wie sie Vergil andeutet, erzeuge Abscheu. Demgegenüber zeige die Skulptur «ein ängstliches und beklemmendes Seufzen», der marmorne Laokoon «erhebt kein schreckliches Geschrei». Das zum Diktum gewordene Wort Winckelmanns, wonach sich die heftigen Seelenleiden «groß und edel» nur «in dem Stande der Einheit, in dem Stande der Ruhe» zeigen, beinhaltet mehr als eine repräsentationsästhetische Maxime. Worum es im Kern der Kunsterfahrung geht, wird in einem Satz formuliert, der das implizite Bildungsideal zur Geltung bringt: «[Laokoons] Elend gehet uns bis in die Seele, aber wir wünschten, wie der große Mann, das Elend ertragen zu können.»[2]

Winckelmann verfährt apodiktisch im Hinblick auf die Momente der Stille und Schönheit; gleichzeitig unterlässt er, Sorgsamkeit auf die Darlegung problematischer Fälle des leidenschaftlichen Entgleitens zu richten. Auffällig ist die Abwesenheit von Begriffen wie Formlosigkeit, Hässlichkeit oder Rohheit. An der Vermeidung von Gegenbildern des Ideals wird erkennbar, dass er deren Gefahr spürt. Unter dem Schirm seiner ästhetischen Erörterung wird eine Modellanthropologie in Andeutungen sichtbar, die auf ein Subjekt setzt, das sich im Griff hat und in der Selbstbehauptung Seelengröße beweist.

---

2   Johann Joachim Winckelmann: Gedanken über die Nachahmung der griechischen Werke in der Malerei und Dichtkunst [1756], Stuttgart 1995, S. 20–21.

Gotthold Ephraim Lessing, der zehn Jahre später mit seiner Abhandlung *Laokoon oder Über die Grenzen der Malerei und Poesie* (1766) auf Winckelmann in aller Ausführlichkeit reagiert, ist weniger zimperlich in der Benennung des Hässlichen, Ekligen und Abscheulichen. Lessing folgt dem Grundverständnis des Vorgängers, demzufolge in der Kunst alles dem Schönen zu unterwerfen sei und dem Endzweck des Vergnügens zu dienen habe. Doch anders als Winckelmann entwirft Lessing eine affektologische Medientheorie, in der die Darstellungen der höchstgradigen Emotionen differenziert beurteilt werden. Ob Poesie, Schauspiel, Malerei oder Skulptur – jede Kunstart folgt eigenen Ausdrucksgesetzen. Diese sollen nicht referiert werden, entscheidend ist, dass Lessing die Verzerrungen des Körpers, insbesondere des Gesichts durch den Schrei als hässlich bewertet. Kunst, die den Augenblick des Affektausdrucks auf Dauer stellt, bewirke das Hässliche sowie Würdelosigkeit, Mitleidlosigkeit, Grauen, Beleidigung, Unlust und Lächerlichkeit. Dies wusste Lessing zufolge der Künstler des Laokoon, der das «Schreien in Seufzen mildern [mußte]; nicht weil das Schreien eine unedle Seele verrät, sondern weil es das Gesicht auf eine ekelhafte Weise verstellet». Lessing ergänzt: «Die bloße weite Öffnung des Mundes, – bei Seite gesetzt, wie gewaltsam und ekel auch die übrigen Teile des Gesichts dadurch verzerrt und verschoben werden, – ist in der Malerei ein Fleck und in der Bildhauerei eine Vertiefung, welche die widrigste Wirkung von der Welt tut.»[3] Das aus heutiger Sicht harsche Urteil wird verständlich, wenn man das sensualistische Genussparadigma nicht als ästhetizistischen Selbstzweck, sondern in seiner zivilisationswirkenden Funktion versteht: Laokoon wird als einer gedacht, der schreien möchte, aber es nicht zeigen mag. Die Klassiker hatten eine tiefe Skepsis der Natur gegenüber, denn sie widersprach den idealischen Vorstellungen. Zwar kann Lessing feststellen: «Schreien ist der natürliche Ausdruck des körperlichen Schmerzes»[4], doch führt er dann Beispiele aus der Mythologie an, in denen Homers Krieger, Venus und Gott Mars schreien. Dass die Ideale der Kunst auf Vorstellungen zivilisatorischer Entwicklung ruhen, erläutert Lessing sogleich im Anschluss:

3 Gotthold Ephraim Lessing: Laokoon oder Über die Grenzen der Malerei und Poesie [1766], Stuttgart 1998, S. 20.
4 Ebd., S. 9.

> Ich weiß, wir feineren Europäer einer klügeren Nachwelt wissen über unsern Mund und über unsere Augen besser zu beherrschen. Höflichkeit und Anstand verbieten Geschrei und Tränen. Die tätige Tapferkeit des ersten rauhen Welttheaters hat sich bei uns in eine leidende verwandelt. [...] Wenn Homer die Trojaner mit wildem Geschrei, die Griechen hingegen in entschloßner Stille zur Schlacht führt, so merken die Ausleger sehr wohl an, daß der Dichter hierdurch jene als Barbaren, diese als gesittete Völker schildern wollen.⁵

Kunst soll zur Herausbildung höherer Geistes- und Seelenkräfte führen. Es ist bemerkenswert, dass Lessing Winckelmann zitiert, ohne auf ihn zu verweisen: «[Laokoons] Elend gehet uns bis an die Seele; aber wir wünschten, wie dieser große Mann das Elend ertragen zu können.»⁶ Das, was als groß, gesetzt, schön und edel bezeichnet wird und der Vorbildlichkeit dient, ist nichts anderes als Selbstkontrolle. Im Subjekt soll eine Instanz installiert werden, die Natur und Unwillkürlichkeit zähmt. Die Wahrheit der Seele übersteigt die Gesetze der Natur, die im Leib zum Ausdruck kommen. Auch wenn Lessing die Schlussfolgerung nicht ausspricht, so impliziert sein ästhetisches Theorem die Selbsterzeugung des Bürgers aus dem Geist der Kunst. Man muss selbst Schauspieler, muss Kunstwerk werden, um in Würde eine gesellschaftlich anerkannte Rolle spielen zu können.

> Das Drama, welches für die lebendige Malerei des Schauspielers bestimmt ist, dürfte vielleicht eben deswegen sich an die Gesetze der materiellen Malerei strenger halten müssen. In ihm glauben wir nicht bloß einen schreienden Philoktet zu sehen und zu hören; wir hören und sehen wirklich schreien. Je näher der Schauspieler der Natur kömmt, desto empfindlicher müssen unsere Augen und Ohren beleidigt werden; [...].⁷

Das Schlüsselwort bei Lessing lautet *Nachahmung*. Er übernimmt es von Winckelmann und bringt es mehr als 90 Mal in Anschlag.⁸ Mag auch durchgängig das mimetische Verfahren auf die Kunst bezogen sein, die Übertragungsleistung der Kunst auf den rezipierenden Menschen gehört zum Programm der Klassik. In Lessings *Hamburgischer Dramaturgie* (1769) heißt es explizit:

---

5   Ebd., S. 9–10.
6   Ebd., S. 7.
7   Ebd., S. 28.
8   Gezählt wurden die Substantive, Verb- und Adjektivformen.

[...] die Tragödie ist ja ausdrücklich dazu, daß sie uns die großen Handlungen wirklicher Helden zur Bewunderung und Nachahmung vorstellen soll. Indem sie so den Tribut bezahlt, den die Nachwelt ihrer Asche schuldig ist, befeuert sie zugleich die Herzen der Itztlebenden mit der edlen Begierde, ihnen gleich zu werden.»⁹

Nachahmung im Lessing'schen Sinne ist stets mit der Vorstellung einer Umbildung verbunden – einer Umbildung, in der das emotionale Rohmaterial einen Raffinationsprozess durchläuft. Natur – Mythos – Kunst – Rezeption bilden die Reihe der form-inhaltlichen Verfeinerung: Du darfst schreien, doch nur dann, wenn der Schrei einer Form gerecht wird, die konsumierbar ist. «Dasjenige aber nur allein ist fruchtbar, was der Einbildungskraft freies Spiel läßt. Je mehr wir sehen, desto mehr müssen wir hinzudenken können.»¹⁰ Was Lessing Nachahmung nennt, ist in moderner Diktion eine Mischform aus Identifikation und Projektion. Es muss eine sinnhafte Aufladung stattfinden, die das Gefühl der Beseeltheit hervorbringt.

In Fortführung der Lesssing'schen Ausführungen erscheint Johann Gottfried Herders Studie *Kritische Wälder, oder Betrachtungen die Wissenschaft und Kunst des Schönen betreffend* (1769). Dieses Traktat vertieft das moralisch-ästhetische Anliegen Lessings, entwickelt dabei jedoch durch Referenz auf antike Mythologie eine ausgefeilte Typologie und Charakterologie des Schreis. Geradezu mit musikalischem Gehör visioniert Herder unterschiedliche Ausprägungen. Er fühlt sich in die Gestalt des Laokoon ein und gewinnt den «Eindruck eines Helden, der mitten im Schmerz seinen Schmerz bekämpft, ihn mit hohem Seufzen zurückhält, so lange, als er kann, und endlich, da ihn das Ach! das entsetzliche Weh! übermannet, noch immer nur einzelne Töne des Jammers ausstößt, und das Übrige in seine große Seele verbirgt».¹¹

Diesem sublimierten Schmerz steht in charakterisierender Weise das Heulen weniger vorbildlicher Figuren gegenüber. Über Homer weiß er zu sagen, dass dessen Helden nur selten «mit Geschrei, mit Heulen» sterben:

---

9   Gotthold Ephraim Lessing: Hamburgische Dramaturgie [1767–1769], in: ders.: Werke, Vierter Band, München 1973, S. 229–707, hier: S. 316.
10 Lessing: Laokoon, S. 23.
11 Gottfried Herder: Kritische Wälder, oder Betrachtungen die Wissenschaft und Kunst des Schönen betreffend, o. O. 1769, S. 17.

> [...] und alsdann ist dies nicht ‹der natürliche Eindruck des körperlichen Schmerzes,› sondern ein Charakterzug seines Verwundeten. So heult, z. B. bei seiner Verwundung, ein Pherekles; aber dieser Pherekles ist ein Trojaner, ein unkriegerischer Künstler, ein feiger Flüchtling, der auf der Flucht eingeholt wird; und freilich ein solcher kann sich durch ein Geheul auf seinen Knieen unterscheiden; aber offenbar ‹nicht der leidenden Natur ihr Recht zu lassen,› sondern vermöge seines Charakters. Vermöge dieses, schreiet die Venus laut; denn sie ist die weichliche Göttin der Liebe [...].[12]

Herder begründet mit einer Reihe literarischer Belege, dass Charakter über Natur geht, Nachahmung der Psychologie folgt und nicht der Physiologie des Schmerzes. Aus der Betrachtung des Griechentums ergibt sich die Schlussfolgerung: Das Schreien ist unheldisch.

Was diese Normierung für den Rezipienten bedeutet, spielt Herder in der Schilderung eines Bekenntnisses durch. Nicht die Laokoon-Skulptur, sondern die «theatralische Rührung» dient ihm dazu, ein Negativbeispiel zu liefern.

> Mit körperlichem Schmerze kann ich nicht anders, als körperlich, sympathisiren: d. i. meine Fibern kommen durch die Theilnehmung in eine ähnliche Spannung des Schmerzes, ich leide körperlich mit. Und wäre dieß Mitleid angenehm? Nichts weniger, das Zetergeschrei, die Zuckung fährt mir durch alle Glieder, ich fühle sie selbst; die nemlichen convulsivischen Bewegungen melden sich bei mir, wie bei einer gleichgespannten Saite. Ob der in Zuckung liegende winselnde Mann, Philoktet sey, geht mich nichts an, er ist ein Thier, wie ich: er ist ein Mensch: der menschliche Schmerz erschüttere mein Nervengebäude, wie wenn ich ein sterbendes Thier, einen röchelnden Todten, ein gemartertes Wesen sehe, das wie ich suhlet. Und wo ist nun dieser Eindruck auch nur im kleinsten Maaße vergnügend, angenehm? Er ist peinlich, schon bei dem Anblicke, bei der Vorstellung, ganz peinlich. [...] so kann ich mir ja keine widerlichere Pantomime gedenken, als nachgeaffte Zuckungen, brüllendes Geschrei, und, wenn die Illusion vollkommen seyn soll, einen üblen Geruch der Wunde.[13]

Aus der Analyse der idealischen Vorbilder folgt für Herder, dass der marmorne Laokoon «nicht schreien, sondern lieber nur beklemmt seufzen muß», denn er wurde nach dem «höchsten Gesetz der bildenden Kunst», der Schönheit, erschaffen.[14] Es ist unerheblich, ob Herder ideengeschichtlich korrekt argumentiert, ob er blind dem Dogma der zeitgenössischen Ästhetiktheorie

---

12 Ebd., S. 23–24.
13 Ebd., S. 64–65, 67.
14 Ebd., S. 97.

gehorcht oder projektiv Ursache und Wirkung verwechselt. Herders Text darf als Kulmination einer großen Abwehrbewegung gedeutet werden. Die Größen der Klassik bringen nicht wenig Energie auf, die Frage der Leidenschaften und ihres Ausdrucks am Extremfall des Schreis zu debattieren. Nuancen der ästhetischen Reflexion werden erwogen und bewertet, um implizit oder explizit Modelle des bürgerlichen Anstandsverhaltens daraus zu destillieren. Schreit der Laokoon oder schreit er nicht? Eine untergründige Angst läuft durch die Diskurse, die allesamt ein Verdikt gegen die Hemmungslosigkeit aussprechen. Auch Friedrich Schiller geht in *Ueber das Pathetische* (1793) auf das Marmorbild ein und stellt im Geiste der Zeit fest: «Sein Gesicht ist klagend, aber nicht schreiend, seine Augen sind nach der höhern Hilfe gewandt.» Das Höhere ist Gott, aber auch die innere Instanz der Selbstbeschwichtigung. Was bei Winckelmann und Lessing nur in Andeutungen, bei Herder im Gegenbild peinlicher Selbsterfahrung Ausdruck fand, formuliert Schiller als Postulat:

> Der verwundete Mars schreit vor Schmerz so laut auf, wie zehntausend Mann, und die von einer Lanze geritzte Venus steigt weinend zum Olymp und verschwört alle Gefechte. Diese zarte Empfindlichkeit für das Leiden, diese warme, aufrichtige, wahr und offen da liegende Natur, welche uns in den griechischen Kunstwerken so tief und lebendig rührt, ist ein Muster der Nachahmung für alle Künstler und ein Gesetz, das der griechische Genius der Kunst vorgeschrieben hat. Die erste Forderung an den Menschen macht immer und ewig die Natur, welche niemals darf abgewiesen werden; denn der Mensch ist – ehe er etwas anderes ist – ein empfindendes Wesen. Die zweite Forderung an ihn macht die Vernunft, denn er ist ein vernünftig empfindendes Wesen, eine moralische Person, und für diese ist es Pflicht, die Natur nicht über sich herrschen zu lassen, sondern sie zu beherrschen. [...] Darstellung des Leidens – als bloßen Leidens – ist niemals Zweck der Kunst, aber als Mittel zu ihrem Zweck ist sie derselben äußerst wichtig. Der letzte Zweck der Kunst ist die Darstellung des Uebersinnlichen, und die tragische Kunst insbesondere bewerkstelligt dieses dadurch, daß sie uns die moralische Independenz von Naturgesetzen im Zustand des Affekts versinnlicht.[15]

Die Empfindsamkeit, die als Gewinn im Klassenkampf gegen Adel und Proletariat vom selbstbewussten Bürgertum erfahren wurde und in Kunst und Literatur ihre normative Ausprägung fand, sah sich mit dem Problem der Codierung konfrontiert: Das affektologische System musste unweigerlich die

---

15 Friedrich Schiller: Ueber das Pathetische [1793], online: https://www.friedrich-schiller-archiv.de (letzter Abruf 16.04.2024).

Grenzen der Sittlichkeit bestimmen. Die Bemühungen, den Schrei zu mildern, ihn unter Bann zu stellen oder als hässlich zu klassifizieren, deuten auf eine Gefühlsangst hin und auf die Sorge, die vernünftige Konvivialität zu sprengen. Eine zivilisatorische Dramatik ist den Texten eingeschrieben, eine diskursive Energieinvestition, die alles Entgrenzende, Wahnwitzige und Roh-Natürliche der Verdrängung überantwortet. Laokoon und andere antike Helden werden als Beispiele installiert, um durch Anschaulichkeit Richtschnüre für Norminternalisierung zu spannen.

Als Johann Wolfgang von Goethe 1798 nach fast einem halben Jahrhundert die «letzte einschlägige Stellungnahme in der seit der Initialzündung durch Winckelmanns *Gedanken über die Nachahmung* geführten Auseinandersetzung um die Skulpturengruppe»[16] publizierte, konnte er mit abgekühlter Sachlichkeit der Debatte begegnen. Der Schrei wird zwar zwei Mal erwähnt, aber nicht mehr als Problem traktiert. Goethe liefert eine normästhetische Beschreibung der Skulptur und resümiert noch einmal, was alle Autoren vor ihm mit Verve behauptet hatten:

> Ich getraue mir daher nochmals zu wiederholen: daß die Gruppe des Laokoon neben allen übrigen anerkannten Verdiensten zugleich ein Muster sei von Symmetrie und Mannigfaltigkeit, von Ruhe und Bewegung, von Gegensätzen und Stufengängen, die sich zusammen teils sinnlich, teils geistig dem Beschauer darbieten, bei dem hohen Pathos der Vorstellung eine angenehme Empfindung erregen und den Sturm der Leiden und Leidenschaft durch Anmut und Schönheit mildern.[17]

Goethes Wort von der «theatralischen Idylle»[18] kann in der Rückschau als Ausdruck einer bürgerlichen Utopie gelesen werden. Übertragen auf die Le-

---

16   Inka Mülder-Bach: Sichtbarkeit und Lesbarkeit. Goethes Aufsatz *Über Laokoon*, in: Das Laokoon-Paradigma. Zeichenregime im 18. Jahrhundert, hg. v. Inge Baxmann, Michael Franz, Wolfgang Schäffner, Berlin 2000, S. 465–479; online: http://www.goethezeitportal.de/db/wiss/goethe/laokoon_muelder-bach.pdf (letzter Abruf 16.04.2024), S. 3. 1800 erscheint eine äußerst kritische Erwiderung auf Goethes Aufsatz von Christoph Friedrich Nicolai: Neue Bibliothek der schönen Wissenschaften und der freyen Künste, Leipzig 1800, S. 70–81. Sie soll hier keine Rolle spielen, da sie weder den Schrei noch die zivilisierende Funktion von Kunst thematisiert.
17   Johann Wolfgang von Goethe: Über Laokoon, in: ders.: Goethes Werke, 47. Band, Weimar 1896, S. 101–117, hier: S. 104–105.
18   Ebd., S. 106.

benswelt wird mit ihm die Agitation von gebildeten Gefühlen als erlebbare Rolle im Milieu «freier Geselligkeit»[19] zum Ausdruck gebracht. Der Schrei erwiese sich in der Utopie als asozial, zentristisch, mithin als Störung des «freien Spiels der Gedanken und Gefühle».[20] So versteht man, warum die Intellektuellen des 18. Jahrhunderts eine ausgeprägte Aversionssensibilität gegenüber dem Kreischen, Heulen und Brüllen zeigten. Es wäre falsch, in den Zivilisierungsbemühungen durch Kunst und Diskurs ausschließlich Dispositive der Unterdrückung auszumachen. Für den *public man* des 18. Jahrhunderts zerbricht in den Überaffektionen das balancierte Gefüge aus Natur und Kultur, aus Freiheit, Passion und Konvention. Richard Sennett merkt dazu an: «Als die natürlichen Rechte jedoch in der Alltagserfahrung erstmals eine Bedeutung gewannen, besaßen sie eine sehr viel konkretere Gestalt. Das Prinzip der Naturordnung war eines der Mäßigung – die Konvention der Gesellschaft wird einer Prüfung nur dann unterzogen, wenn sie ein Übermaß an Leiden und Schmerz hervorrief.»[21] Das Gefühlsleben war also von zwei Seiten bedroht, vom Naturdruck und vom gesellschaftlichen Zwang. Alle Texte betonen die Ausgewogenheit zwischen Emotion, Ausdruck und Genuss, was nicht weniger ist als die Vision einer harmonischen Welt.

Dass die idealischen Proklamationen der Klassik ein großes Versprechen beinhalteten, beförderte nicht nur ihre Attraktivität. Im Zuge von Naturalismus- und Authentizitätsforderungen gerieten die Ideale unter Falschheits- und Illusionsverdacht. Mehr und mehr wurden vom ästhetischen Realismus «grausige und anstößige Stoffe bevorzugt»[22], um durch Schock Wahrheit zum Schimmern zu bringen. Symptomatisch ist der Begriff des *Schreitheaters*, der zwar durchgängig kritisch verwendet wird, gleichwohl auf eine verbreitete künstlerische Tatsache verweist. Wann der Begriff geprägt wurde, kann nicht ermittelt werden. Dass er in den späten 1960er-Jahren an prominenter Stelle benutzt wurde, zeichnet ihn als Epochenmarkierung aus.[23] Nach der Austerität

---

19 Friedrich Schleiermacher: Versuch einer Theorie des geselligen Betragens [1799], in: ders.: Schriften, Frankfurt a. M. 1996, S. 65–91, hier: S. 69.
20 Ebd., S. 74.
21 Richard Sennett: Verfall und Ende des öffentlichen Lebens, Frankfurt a. M. 1983, S. 120.
22 Hans Blumenberg: Realität und Realismus, Berlin 2020, S. 214.
23 1968 Pier Paolo Pasolini benutzt den Begriff «teatro dell'Urlo» 1968 in polemischer Absicht in seinem *Manifesto per un nuovo teatro*: «Das Theater […] des Schreis ist das The-

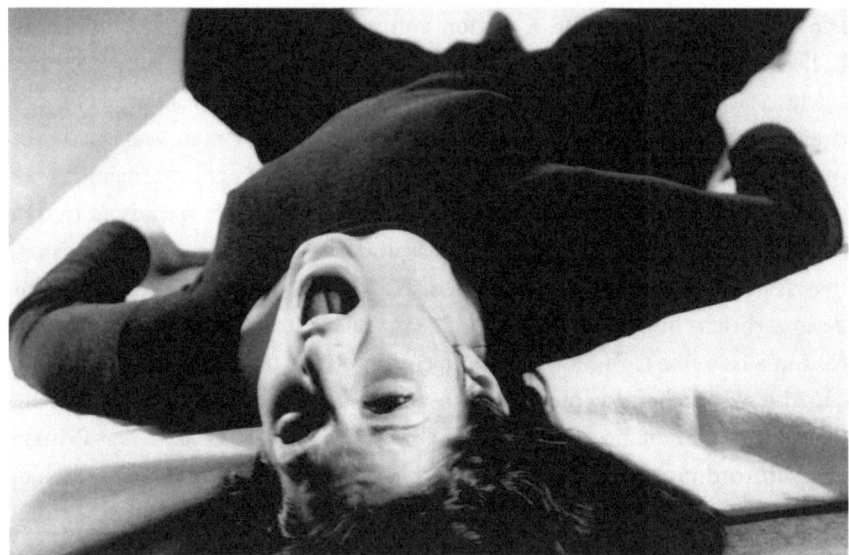

Abb. 9: Marina Abramović: *Freeing the Voice*, 1975

der 1950er-Jahre bricht die Zeit der Entsublimierung an. Kunst und subkulturelle Selbsterfahrungspraktiken gehen in Parallelaktion daran, psychische Barrieren niederzureißen: Es entstehen der Wiener Aktionismus[24], surrealistisch motivierte Magierituale mit Heilungsambitionen (Alejandro Jodorowsky), Performances der Seelenentblößungen, die von Arthur Janovs Urschrei-Therapie (*The Primal Scream*, 1970) inspiriert sind. Die Subjekte wollen sich entladen. Eine extreme Ausprägung dieser Selbstreinigungstendenz ist Marina Abramovićs Performance *Freeing the Voice* (1975):

> Abramović liegt mit dem Rücken am Boden und hat den Kopf so weit nach hinten überstreckt, dass sie kopfüber in die Kamera blickt. In dieser Position schreit sie so lange, bis sie die Stimme verliert, was erst nach drei Stunden der Fall ist. Der Akt des

ater, in dem das Wort zugunsten der reinen physischen Präsenz völlig entweiht, ja zerstört wird.» Pier Paolo Pasolini: Manifesto per un nuovo teatro, in: Nuovi argomenti, 9 (1968), S. 6–22.

24 Hermann Nitsch inszenierte ab 1971 Schrei-Chöre; bereits 1966 führten Günter Brus und Hermann Mühl *Breath Exercises* auf, «sie unterbrechen ihre durch Mikrophone verstärkten Aktionen des Atmens, Keuchens, Stöhnens, Schreiens und Brüllens mit Turnübungen». Zit. n. Thomas Dreher: Performance Art nach 1945, München 2001, S. 237.

Schreiens beansprucht den ganzen Körper: Man sieht, wie sie sich dabei kraftvoll streckt und beim Einatmen reflexartig zusammenzieht.²⁵ (Abb. 9)

Auf der Theaterbühne kann derartiges Sich-Übergeben gefahrlos ausagiert werden, wenngleich es auch beispielgebend wirken soll. Im Willen zur Eindringlichkeit wird laut, schmerzvoll, enthemmt sowie hässlichkeitsaffin agiert. Der Realismus der Gefühle soll Überzeugungskraft aus dem Verstoß gegen das gewinnen, was im 18. Jahrhundert Anstand, Schönheit, Mäßigung, Anmut, Stärke des Geistes hieß. Wenn in einer heutigen Theaterkritik zu lesen ist: «Das Bühnenbild, die gewohnt raffinierten Textcollagen, das bisweilen nervende Schreitheater, beständig Schrilles: nichts für prüde Hirne»²⁶, dann offenbart diese Charakterisierung, dass nach weit mehr als 200 Jahren der Schrei weiterhin als schamverletzend gelten soll. Zwar wird eine ästhetische Funktionsumwertung vorgenommen, im Festhalten an der Exaltiertheit der Leidenschaftsartikulation steht er jedoch dem veralteten Theorem und der Utopie gesellschaftsprägender Kunst näher, als die Kunstmacher glauben wollen. Die Negation in Gestalt des Kults der Entäußerung bleibt dem Negierten verhaftet, denn sie soll ebenfalls den Echtheitsmenschen der Freiheit hervorbringen. Wie die Geschichte jedoch zeigt, hat die Gegenutopie der Überspannung nur in exklusiven, lebensweltfernen Milieus und Situationen Reservate gefunden. Dem Lauten, Wortlosen, Puraffektiven haftet die Ambivalenz aus hysterischem Behauptungswillen und Hilflosigkeit an. Grundlegender noch betrachtet Paul Virilio die moderne Tendenz zum Lauten, wenn er mit konservativem Gespür «das Geschrei der zeitgenössischen Kunst» als ein Gehörverschaffen ohne Aufmerksamkeit kritisiert. Der Schrei entziehe sich der zeitgebundenen Betrachtung und aktiviere konditionierte Reflexe. «Mögen einige Werke auch SPRECHEN, so verhält es sich doch mit denjenigen Werken, die ihren Schmerz oder ihren Haß HERAUSSCHREIEN bzw. HERAUSBRÜLLEN, tatsächlich so, daß sie schon bald jeden Dialog zerstören und jedes Nachfragen verhindern.»²⁷

---

25 Mein Körper ist das Ereignis. Wiener Aktionismus und internationale Performance, Ausstellungsbegleitheft, Wien 2015, o. S.
26 Hans-Peter Martin: Das Wiener Burgtheater in Hochform: Aufrüttelnde Lebendigkeit – hier, jetzt, in: TAZ, 06.09.2021.
27 Paul Virilio: Die Kunst des Schreckens, Berlin 2001, S. 72–73.

Abb. 10: Edvard Munch: *Der Schrei*, 1910

Der expressionistische Schrei

Wer über den Schrei nachdenkt, das Gespräch darüber sucht oder Recherchen anstellt, wird irgendwann unweigerlich zu Edvard Munchs Gemälde *Der Schrei* geleitet. Die historisch gewachsene Ikonizität des Bildes entspringt der visuellen Eindringlichkeit und Übersetzbarkeit, die zur allgemein anerkannten Überzeugung der künstlerischen Formangemessenheit geführt hat. In dem «Titelmotiv von Munchs Bild» erkannte man sogar «ein Schlüsselmotiv in der bildenden Kunst des 20. Jahrhunderts».[1] Dass es mit dem Motiv auch für den Künstler eine besondere Bewandtnis hatte, wird daraus ersichtlich, dass Munch es nicht nur vier Mal in verschiedenen Techniken malte, sondern zudem drei Lithografiefassungen und eine Federzeichnung davon herstellte.[2] Vor allem in den Jahren 1893 und 1895 findet die Auseinandersetzung statt.

Die aufrührerische, spontane Malweise mit dynamischen Fluchtlinien- und Wirbelanmutungen, mit komplementärer Farbgebung und Hell-Dunkel-Kontrast sowie plakativer Abstraktion des Pathosantlitzes einschließlich Gestik ergibt das Bild bedrängender Verzweiflung. Verstärkung und Bestätigung erfährt der Eindruck durch einen mit Bleistift in die rotbrennende Himmelsfarbe der 1893er-Fassung eingeschriebenen Satz. Aus dem Norwegischen übersetzt lautet er: «Kann nur von einem verrückten Mann gemalt worden sein!»[3]

---

[1] Andreas Beitin: Der Schrei. Kunst- und Kulturgeschichte eines Schlüsselmotivs in der deutschen Malerei und Grafik des 20. Jahrhunderts, Inaugural-Dissertation, Universität Münster, [Electronic ed.] 2004, S. 6. Das in dieser Arbeit entfaltete reiche Material wird wiederkehrend in Bezug zu Munch gestellt, der 103 Mal Erwähnung findet.

[2] Im Wikipedia-Artikel «Der Schrei» sind alle Versionen in guten Reproduktionen publiziert.

[3] «Kan kun vaere malet af en gal mand!»

Was eindeutig erscheint, erzwingt allerdings Interpretationen, die zur Frage führen, ob die Darstellung tatsächlich als gelungen, adäquat und sinnhaft nachvollziehbar bewertet werden muss. Ist Munchs hingekritzelter Hinweis der authentische Ausdruck einer psychischen Disposition? Was genau meint er mit dem Wort *verrückt*? Eine psychiatrische Diagnose? Eine Koketterie?[4] Was hieße es aber, das Bild eines Verrückten zu betrachten? Dass man dem Wahn verstehend nahekommt oder vielmehr die Befremdung an ihm erlebt? Das Wort lässt sich auch als vorauseilende Schutzbehauptung lesen, weil Munch weiß, dass sein Malstil mit der realistischen Malkonvention bricht und er Ablehnung befürchten muss.[5] Insofern bildet der Satz den Kern einer künstlerischen Selbstreflexion, die Auskunft über die Unsicherheit darüber gibt, wie Angst, Verzweiflung oder Verrücktheit künstlerisch zu gestalten sind.

Eine eingehende Bildanalyse, die Stellung des Gemäldes im Œuvre Munchs, die psychografischen Tiefenschichten, kunsthistorische Vergleiche und Wirkungsanalysen sollen nicht das Thema der Erörterung sein. Das berühmte Gemälde von 1910 verdient es, in einer medienproblematisierenden Weise gewürdigt zu werden, denn es muss erstaunen, dass *Der Schrei* als Inbild existenzieller Bedrängung aufgefasst wird, wo doch das Antlitz, das einen Schreienden zeigt, flach und farblos ist und aus kaum mehr als Punkt, Punkt, Komma, Strich besteht (Abb. 10).

In einem Zugriff der Ungleichzeitigkeit soll das Gemälde in der Tradition des Paragone betrachtet werden. Enthält Lessings Laokoon noch ein schwaches Echo dieser kunsttheoretischen Diskursform der Renaissance, so muss sie, angewendet auf ein modernes Bild, als unangemessen, geradezu geschichtsvergessen wirken. Das Gemälde gehört zu einem neuen ästhetischen Regime – Beginn des Expressionismus –, das Normierungsregeln außer Kraft

---

4 Mögliche Deutungen referiert Uta Baier: «Kan kun vaere malet af en gal mand!» ist eigenhändig (2021), in: https://www.restauro.de/edvard-munch-der-schrei/ (letzter Abruf 17.04.2024).

5 1892 wurde in Berlin eine Munch-Einzelausstellung eröffnet, die kurz darauf von Anton von Werner, Vorsitzender des Vereins Berliner Künstler, wieder geschlossen wurde, weil sie von der konservativen Öffentlichkeit als neu, fremd, abstoßend, hässlich, gemein, beleidigend erlebt wurde. Ein Jahr darauf entstand *Der Schrei*. Reinhold Heller: Anton von Werner, der Fall Munch und die Moderne im Berlin der 1890er Jahre, in: Dominik Bartmann (Hrsg.): Anton von Werner. Geschichte in Bildern, Ausstellungskatalog, München 1993, S. 101–109.

setzt. Der Wettstreit der Künste scheint damit erledigt zu sein, fordert dieser doch festgelegte Kriterien medialer Leistungsfähigkeit. Demgegenüber lässt sich feststellen, dass die Demontage der Leitplanken künstlerischen Arbeitens Gestaltungsfragen umso dringender werden lässt. Der Satz «kann nur von einem verrückten Mann gemalt worden sein» wird meist biografisch mit Hinweis auf die psychopathologische Familiengeschichte gedeutet, die Munch mit seelischen Verwerfungen fortführt. Er kann aber auch als mediale Konkurrenz oder zumindest Ergänzung zum Bild aufgefasst werden. Warum war dieser Schriftkommentar notwendig, wenn das Bild doch für sich selbst hätte sprechen können?

Der Bruch mit der Tradition erzeugt implizit oder explizit die Nötigung zu Legitimationen. Nochmals ist Lessings Verdikt gegen den aufgerissenen Mund in der Kunst zu zitieren: «Die bloße weite Öffnung des Mundes, – bei Seite gesetzt, wie gewaltsam und ekel auch die übrigen Teile des Gesichts dadurch verzerret und verschoben werden, – ist in der Malerei ein Fleck und in der Bildhauerei eine Vertiefung, welche die widrigste Wirkung von der Welt tut.»[6] Munch realisiert als Moderner das, was Lessing als kunstunwürdig brandmarkt. Er hat den Mund ohne Rücksicht auf die Anatomie wie ein Loch in das Gesicht gezeichnet, ohne Lippen, Zähne, Zunge, Rachen, Muskeln – Kunstlosigkeit im konventionellen Sinne.

Ein Mittler zwischen Lessing und Munch ist Arthur Schopenhauer. 1819 erscheint *Die Welt als Wille und Vorstellung*, in dem der Autor kritisch mit Winckelmann, Lessing und Goethe ins Gericht geht. Schopenhauer beendet die Debatte der Klassiker mit der einfachen Grundfeststellung, dass die Darstellung des Schreis «gänzlich ausser dem Gebiete der Skulptur liegt».

> Man konnte nicht aus Marmor einen schreienden Laokoon hervorbringen, sondern nur einen den Mund aufreissenden und zu schreien sich fruchtlos bemühenden. Das Wesen und folglich auch die Wirkung des Schreiens auf den Zuschauer, liegt ganz allein im Laut, nicht im Mundaufsperren. Dieses letztere, das Schreien nothwendig begleitende Phänomen muss erst durch den dadurch hervorgebrachten Laut motivirt und gerechtfertigt werden: dann ist es, als für die Handlung charakteristisch, zulässig,

---

[6] Gotthold Ephraim Lessing: Laokoon oder Über die Grenzen der Malerei und Poesie [1766], Stuttgart 1998, S. 20.

ja nothwendig, wenn es gleich der Schönheit Abbruch thut. [...] ein gemalter oder steinerner stummer Schreier wäre noch viel lächerlicher als gemalte Musik, [...].[7]

Schopenhauer scheut sich nicht, eine Ästhetik des Hässlichen in Aussicht zu stellen, was den Blick in Richtung Moderne öffnet. Er sieht die Dichtung und das Schauspiel als Medien, die zu angemessener Schreidarstellung berufen sind – entweder durch fantasieanregende Anschaulichkeit (Vergils verletzter Stier) oder durch Klangrealisierung. Der Philosoph erinnert sich, «in London den berühmten Schauspieler Kemble [...] den Amerikaner Kolla darstellen gesehn zu haben, einen Halbwilden, aber von sehr edlem Karakter: dennoch, als er verwundet wurde, schrie er laut und heftig auf, was von grosser und vortrefflicher Wirkung war, weil es als höchst karakteristisch zur Wahrheit viel beitrug.»[8]

Mit Schopenhauer gerät *Der Schrei* in eine Zwickmühle: Einerseits riskiert die Darstellung, lächerlich zu erscheinen. Das Urteil trifft das Gemälde, denn die Figur ist nicht mehr als eine Fratze, eine Kinderzeichnung. Ein Laut ist weder zu hören noch vorstellbar. Schopenhauers ästhetische Wertung ruht auf einer unausgesprochenen Idee der Unmittelbarkeit, die dem expressionistischen Gedanken durchaus nahekommt. Wer andererseits mit dieser Voreingenommenheit auf das Bild abschätzig reagierte, würde mit Recht als Ignorant neuer Ausdrucksformen erscheinen. Munchs Mut zur Hässlichkeit und zur Symbolik anstelle von Abbildlichkeit folgt einer anderen Bildpoetik und nötigt zu veränderter Rezeptionshaltung.

Wohl aufgrund des innovativen Stellenwerts des Gemäldes sah sich Munch veranlasst, neben Titel und selbstinkriminierendem Satz über die Verrücktheit weitere sprachliche Mitteilungen zu machen. Gemeinhin werden die Selbstaussagen dem Komplex Inspiration und Entstehungsgeschichte zugeschlagen, während ihre konkurrierende Eigenwertigkeit nicht problematisiert wird. Von den drei Lithografien tragen zwei den Titel *Geschrei*. Die Semantik von *Geschrei* unterscheidet sich von der des Wortes *Schrei*. *Geschrei* signifiziert Lärm, Brüllerei, Gegröle, oft hervorgerufen von mehreren Menschen. *Schrei* ist spezifischer, lässt konkretere Vorstellungsbilder von emotionalen Befindlichkeiten assoziieren. Auf einer der drei Lithografien (1895) findet sich die

7   Arthur Schopenhauer: Die Welt als Wille und Vorstellung [1819], Erster Band, München 1912, S. 276–277.
8   Ebd., S. 277.

erläuternde Ergänzung: «Ich fühlte das grosse Geschrei durch die Natur.» Dieser Satz, der auf ein Erlebnis während eines Sommeraufenthalts 1889 in Norwegen verweist, legt den Grund für die künstlerische Problemstellung. Für den unbedarften Betrachter bildet die Figur im Vordergrund die Repräsentation des Schreis. Aufgrund des Titelzusatzes wird diese Deutung fraglich: Der Schrei «durch die Natur» ist größer als der eines Menschen und muss durch die Gesamtdarstellung erfahrbar werden. Warum aber malt Munch einen aufgerissenen Mund, wenn etwas Inhumanes schreit? Traut er seiner Landschaftsmalerei nicht zu, als ein stimmiges Symbol für das «grosse Geschrei» fungieren zu können?

Das künstlerische Problem beginnt vor dem ersten Pinselstrich, denn wer wüsste zu sagen, welcher Schrei durch die Natur vernommen wurde. Die exzeptionelle Erfahrung an sich ist schwer einzuordnen. Schreit die Natur selbst oder, was die Formulierung nahelegt, ist sie lediglich das Medium eines Schreis? Wie – so würde Schopenhauer mit Recht fordern – klingt diese Angst- oder Verzweiflungsnatur?

Der Bildtitel und die Pseudo-Allegorie des Schreienden führen in die Irre. Die rätselhafte Erfahrung ist nicht mit herkömmlichen Mitteln zu malen. Munch muss diese Problematik bewusst gewesen sein, denn er bemüht sich, dem Erlebten in einem anderen Medium, dem der Sprache, nachzukommen. 1892 schreibt er seine Vision als «Prosagedicht» in ein Tagebuch:

> Ich ging den Weg entlang mit zwei Freunden – die Sonne ging unter – der Himmel wurde plötzlich blutig rot – Ich fühlte einen Hauch von Wehmut – ich stand, lehnte mich an den Zaun [–] Todmüde – Ich sah hinüber zu den flammenden Wolken [–] wie Blut und Schwert – den blauschwarzen Fjord und die Stadt – Meine Freunde gingen weiter – ich stand da, zitternd vor Angst – und ich fühlte etwas wie einen großen, unendlichen Schrei durch die Natur.[9]

Späterhin hat Munch diesen Text mehrfach bearbeitet, mindestens zehn Fassungen finden sich im Nachlass.[10] Die Unterschiede betreffen die Metaphorik, Textlänge und Sprachrhythmik. Die vermutlich zweite Fassung lautet:

---

9 Zit. n. Hans Dieter Huber: Edvard Munch. Tanz des Lebens, Stuttgart 2013, S. 72.
10 Ebd., S. 74.

> Ich ging den
> Weg entlang mit zwei
> Freunden – da ging die Sonne unter
> Der Himmel wurde
> plötzlich blutig rot
> Ich blieb stehen, lehnte
> mich an den Zaun, tod-
> müde – über dem
> blauschwarzen Fjord und der Stadt
> lagen Blut und Feuerzungen
> Meine Freunde gingen
> weiter und ich stand
> wieder zitternd
> vor Angst –
> und ich fühlte, es ging ein
> großer, unendlicher
> Schrei durch die Natur[11]

Ganz anders schildert Munch die psychophysische Wahrnehmung in einer dritten Textversion, die nicht mehr als Ahnung («ich fühlte etwas wie …»), sondern als Gewissheit formuliert wird: «Ich fühlte einen lauten Schrei – und ich hörte wirklich einen lauten Schrei – die Luftschwingungen brachten nicht nur mein Auge in Schwingungen, sondern auch mein Ohr – denn ich hörte wirklich einen Schrei. Da malte ich das Bild ‹Der Schrei›.»[12]

Trotz des tastenden Suchens nach dem richtigen Sprachausdruck ist allen Schilderungen gemeinsam, dass Munch nichts unternimmt, um den erfahrenen Klang zu beschreiben und den emotionalen Charakter darin zu erfassen. Ist der lange, unendliche Schrei gellend, tieftönend, rau, melodiös, männlich oder weiblich, ist er schmerzvoll, klagend, wütend, depressiv, auffordernd, sehnsuchtsgeladen, irrsinnig?

Die Leerstelle wird noch zu thematisieren sein. Zuvor ist der gängigen Funktionalisierung der verschiedenen Textsorten entgegenzutreten, wonach Titel, paratextliche Zu-Sätze und das Prosagedicht lediglich als Material für das Verständnis des Werkprozesses und für die Bilddeutung gelesen werden.

---

11   Ebd.
12   www.staatsgalerie.de/de/sammlung-digital/geschrei-ich-fuehlte-grosse-geschrei-durch-natur (letzter Abruf 17.04.2024).

Die Variationen und Durcharbeitungsbemühungen lassen sich ebenso als eigenständige literarisch-künstlerische Auseinandersetzung mit der befremdlichen Naturerfahrung interpretieren. Sprache wird nicht ausschließlich als Zuspieler, sondern als Gegenspieler zum visuellen Kunstschaffen erkennbar. Während das Gemälde das Farberlebnis ikonisch wiederzugeben in der Lage ist, bestechen die sprachlichen Äußerungen durch Analogiebildungen (Schwert, Feuer, züngeln) und durch Befindlichkeitsbekundungen zwischen Wahnsinn, Wehmut, Angst, Müdigkeit, Todesahnung und Hypersensibilität. Kann ein Betrachter all das im Gemälde finden, gar in den Lithografien?

Gewiss, die Kunst darf sich ihre Freiheiten nehmen, ist trotz psychischen Geprägtseins nicht auf die Funktion des Illustrationswerkzeugs zur Darstellung innerer Zustände zu reduzieren. Im Falle Munchs wird aber gerade die Kehrung des Inneren ins symbolische Außen postuliert und als kunsthistorische Erneuerung gewertet. Der wenige Jahre später geprägte Begriff *Expressionismus* wird zum Schlagwort für die psychologisierte Kunst. 1894 schreibt Stanisław Przybyszewski, polnischer Schriftsteller und Freund Munchs:

> Ganz dasselbe [die Offenbarung von einem Etwas] empfand ich, als ich den Bildern von Edvard Munch gegenübertrat; ich stand wieder einmal vor der Offenbarung einer nackten Individualität, vor der Schöpfung eines somnambulen, transzendentalen Bewußtseins, vulgo, das Unbewußte genannt.[13]

Die doppelte Anstrengung, in der Nachträglichkeit bildnerisch und sprachlich einer Erfahrung habhaft zu werden, deutet auf die zentrale Modernitätsproblematik hin: Die alten Mittel sind verbraucht oder genügen nicht den Ansprüchen der Mitteilung, die neuen Mittel sind aber noch nicht gesichertes Gut.[14] Die textliche Leerstelle, die den Klang des Schreis betrifft, darf als pro-

---

13 Stanisław Przybyszewski: Ohne Titel [«Das Werk des Edvard Munch»] [1894], in: ders.: Kritische und essayistische Schriften, Paderborn 1992, S. 151–159, hier: S. 151.

14 «Unser Kunstideal, das auf einer sehr langen Tradition basiert, ist so unendlich verschieden von dem Munch'schen; die letzte Entwicklungsetappe der Kunst – der Naturalismus – hat uns dem Psychischen und Gedanklichen so entfremdet, unseren Blick für das Tiefe und Abgründige so verflacht, dass es jetzt schier unmöglich ist, sich plötzlich in ein neues Kunstideal hineinzudenken, das sich nicht einmal einer realistischen Technik bedient, das lediglich im Psychischen, in den subtilsten und feinsten Seelenregungen besteht.» Stanisław Przybyszewski: Vorwort, in: ders. (Hg.): Das Werk des Edvard Munch, Berlin 1894, S. 4–7, hier: 4–5.

blemreduzierende Maßnahme angesehen werden: Hätte Munch den Schrei in den Bereich der Stimme, des Sounds und der Musikalisierung gehoben, wären ihm unlösbare Aufgaben der bildnerischen Umsetzung zugewachsen. Przybyszewski, Munchs Gemälde *Die Verzweiflung* vor Augen habend, setzt zu einer Begründung der neuen Maltechnik an, wobei dem Schrei lediglich das expressive Allgemeinmerkmal *Schmerz* zugewiesen wird. Der Schmerz zeigt sich nicht im Körper gemalter Menschen, sondern im Landschaftsbild, wo er zum Farbzeichen verdinglicht wird: «Seine [Munchs] Landschaft ist das absolute Korrelat zu dem nackten Empfinden; jede Vibration der in höchster Schmerzekstase bloßgelegten Nerven setzt sich in eine entsprechende Farbempfindung um. Jeder Schmerz ein blutroter Fleck; jedes langgedehnte Schmerzgeheul ein Gurt blauer, grüner, gelber Flecke [...].»[15]

Przybyszewskis Codierung ist arbriträr; sie wird sich nicht als konventionalisierbar erweisen, wird nicht mehr als eine kunsthistorische Episode markieren. Przybyszewski war jedoch nicht naiver Propagandist einer neuen Kunstbewegung. Was in einem Ausstellungskatalog als affirmative Lobpreisung genrebedingt vereinfacht erscheint, hat er in seinem 1918 veröffentlichten Roman *Der Schrei* einer problemorientierten Ausarbeitung unterzogen. Dieser Text verdeutlicht in einer dramatischen Handlung und in erhitzter expressionistischer Diktion, dass die Übersetzung von Erlebtem in ein künstlerisches Medium mit Zweifeln und Verzweiflung einhergehen kann. Zur Veranschaulichung lässt er die Konkurrenz der Medien in aller Deutlichkeit hervortreten.

Der Kurzroman erzählt zwei Tage aus dem Leben des Malers Gasztowt. Gasztowt ist arm, hungrig und voller Scham über seine Kunst, die ihm falsch und kitschig erscheint. An einem Abend beim Gang durch die Stadt erblickt er eine Frau, die sich in selbstmörderischer Absicht von einer Brücke ins Wasser stürzt. In dieser Szene erscheint erstmals das Wort *Schrei*, das im weiteren Textverlauf wiederholt als Markierung von Trauma, Sehnsucht und herausfordernder Seelenunruhe erscheint:

> Und plötzlich hörte er einen grässlichen Schrei – nein, er hörte nichts, er sah nur einen lautlosen Schrei – sah ihn deutlich, – sah, wie die Atmosphäre barst, als ob ein Feuerpflug eine flammende Furche in ihr aufgerissen hätte, der Strom schwoll

---

15 Przybyszewski: Ohne Titel, S. 156.

himmelhoch an, auch wölbte sich die Brücke, als wäre sie aus einer Kautschukmasse hergestellt, und im selben Nu sah er, wie die Gestalt, deren Schatten sich von dem seinigen längst losgelöst hatte, sich über die Brüstung schwang und jählings in das wild schäumende Gewoge des vom Heisshunger hochaufgepeitschten Stromes stürzte. Er blieb wie versteinert stehen, konnte sich nicht von der Stelle rühren. Endlich – endlich öffneten sich ihm in diesem Schrei die tiefsten Abgründe der Strasse. Nie früher hatte er den Schrei der Strasse zu hören bekommen – jetzt erst offenbarte sich ihm die Strasse in ihrem Grauen und in der Schreckensgestalt ihrer Verdammnis.[16]

Przybyszewski scheint sich Munch anzunähern, wenn er den Schrei zunächst ganz dem visuellen Register zuschlägt. Im anschließenden Absatz setzt er jedoch das Hören ins Recht: Hören und/oder Sehen – das ist die Frage. Für Gasztowt verwandelt sich der existenzielle Schrei der Frau in etwas Überindividuelles. Die Phrase «Schrei der Strasse» bildet die Überschrift für das künstlerische Programm des fiktiven Malers. Nicht die Natur, sondern das Pars pro Toto der Stadt stellt das Inbild des «tiefsten Geheimnisses»[17] dar. Was im Text der große, höllische, furchtbare, schmerzvolle, höhnende, tobsüchtige, epileptische, exquisite und erlösende Schrei genannt wird, steht stellvertretend für Erfahrungen des Abgründigen, Abwegigen, Kranken, Verlorenen, Triebhaften. Darin schwingt das Faszinosum für den Großen Krieg mit, der bei der Abfassung des Romans noch in vollem Gange war: Der Krieg war die moderne Hölle und für nicht wenige Künstler das erhoffte Sturmgewitter, das alle langweilige Ordnung beiseite räumen sollte.[18]

---

16   Stanisław Przybyszewski: Der Schrei [1918], Fulda 1986, S. 14–15.
17   Ebd. S. 26.
18   Im Oktober 1914 schreibt der expressionistische Maler Franz Marc: «Durch diesen großen Krieg wird mit vielem anderen, das sich zu Unrecht in unser zwanzigstes Jahrhundert hinübergerettet hat, auch die Pseudokunst ihr Ende finden, mit der sich der Deutsche bislang gutmütig zufrieden gegeben hat. Der Drang der Deutschen, formbildnerisch neues in Musik, Dichtung und Kunst aufzunehmen, war in der letzten Generation so gering, daß man sich die schlechtesten und fadenscheinigsten Wiederholungen alter guter Kunstformen gefallen ließ. Das Volk als Ganzes ahnte wohl den großen Krieg sicherer als der Einzelne und spannte alle seine Nerven nach ihm.» Franz Marc: Im Fegefeuer des Krieges [1914], in: Der Sturm, April 1916, Heft 1, S. 2. Siehe auch Joes Segal: Krieg als erlösende Perspektive für die Kunst, in: Wolfgang J. Mommsen (Hg.): Kultur und Krieg. Die Rolle der Intellektuellen, Künstler und Schriftsteller im Ersten Weltkrieg, München 1996, S. 165–170.

> Und auf der schlecht gepflasterten Strasse, deren spitzige Steine ihm die Sohlen wund rissen, ging er wie auf einem weichen, dichten Teppich, und das Geschrei, das Gejohle, das Lachen und die Flüche, die aus den Kellerräumen hin und wieder an sein Ohr drangen, schienen ihm ein herrliches Vorspiel zu sein für ein künftiges, blutrünstiges, völkermordendes aber glorreiches Ringen – ein fernes, sturmwütiges Donnern des Ozeans, der seine Fluten langsam heran wälzt, um die himmelragenden Festen der Ordnung und des Geldes zu stürmen.[19]

Das revolutionäre Pathos folgt einer Stimmungslage der Epoche. Ungerührt vom Schicksal der Frau, die er zunächst rettet und in einer späteren Szene halluzinatorisch wieder ins Wasser stürzt, ist Gasztowt ausschließlich von dem zwanghaften Gedanken getrieben, das Bild der schreienden Straße zu malen, das ihn schon lange verfolgt. Das Erlebnis des Schreis verbindet sich mit dem künstlerischen Anliegen. Er gehört zu dem von Max Weber etwa zur gleichen Zeit beschriebenen Typus des Künstlers, der «innerweltliche Erlösung» sucht, der dem Prinzip des «verantwortungslosen Genießens» und «geheimer Lieblosigkeit» gehorcht.[20] Zu diesem Genießen gehört auch das Leben auf der Grenze zum Wahn, das der Roman in überschwänglicher Sprache und immer grotesker werdenden Episoden betörend erscheinen lässt. Gasztowt fantasiert unablässig von dem Gemälde, das ihm nicht gelingen will. Przybyszewskis Figur vermag es nicht, die Klüfte zwischen Erlebnis, Erinnerung des Erlebten, Gedankenkonzept und materialisiertem Kunstwerk, welches wiederum die Revitalisierung des Erlebnisses ermöglichen soll, zu überbrücken. Das unmögliche Ziel ist eine Kunst, die letztgültige Intensitätserfahrungen vermitteln soll. In einer zentralen Passage begegnet der Künstler einem Mann, «Führer» genannt, der sich als feuriger und mephistophelischer Verehrer der Kunst Gasztowts erweist. Dieser Weryho ist ein Ästhetizist, gezeichnet nach der Décadence-Figur des Jean Floressas Des Esseintes aus Joris-Karl Huysmans' Roman *À rebours* (1884). Wie das literarische Vorbild sucht Weryho die ultimative Reizung durch die Kunst – nicht im Leben. So fleht er Gasztowt an, den Schrei zu malen, wofür er alles geben würde: «Für einen Augenblick dieses Triumphes würde ich, sollte ich tausend Leben erleben, alle – alle hingeben

---

[19] Przybyszewski: Der Schrei, S. 65.
[20] Max Weber: Gesammelte Aufsätze zur Religionssoziologie [1920], Tübingen 1988, S. 553.

– diesen Schrei mitempfinden zu können, mit Ihnen, würde mir kein Schatz zu kostbar sein – ach! ach! diesen heutigen unerhörten Schrei.»[21]

Das Flehen hat eine unmalerische Vorgeschichte, die in eben jener zentralen Passage der Begegnung mit dem «Führer» passiert. Von Hunger und Durst getrieben, sucht Gasztowt ein Wirtshaus auf. Da er ohne Geld ist, spielt er in Gedanken Szenen durch, wie er die Zeche bezahlen kann. Ein Geiger spielt blödeste und dumme Melodien zur Unterhaltung der Gäste. Als er nach der musikalischen Einlage mit einem Teller herumgeht, um seinen Lohn bei seinem Publikum einzusammeln, gerät der Künstler in Not. Selbst des Geigenspielens mächtig, ergreift er das Instrument des anderen. Der Autor schildert das folgende wüste Musizieren über drei Seiten, das sich als eine profane Epiphanie und als künstlerisches Gelingen des Schreis erweist.

> Gasztowt riss ein paar wilde Akkorde aus der Geige mit solcher Kraft, dass die Töne nicht aus der Geige zu kommen schienen – als hätte eine Orgel sie hinausgebrüllt. Noch einmal peitschte er die Saiten mit dem Bogen auf, den Hut warf er ab, weil er ihm hinderlich war, und begann zu spielen. Zuerst den wüsten Rakoczy-Marsch in seiner eigenen Paraphrase, in den unglaublichsten Oktaven, Dezimen, wildem Akkordengetümmel. Er zwang die Geige, dass sie wie ein Orchesterwerk erdröhnte, sprang plötzlich zur Carmagnole über, liess die Geige keuchen und schreien: «Dansons la Carmagnole, vive le son du canon!» verflocht dies alles mit dem wahnsinnigen heiseren Gekrächz, das sich aus dem tiefsten Grund des menschlichen Elends herausriss [...] – er spielte die Strasse. Jetzt begann er plötzlich angestrengt zu horchen, ob er nicht den Schrei hören würde, den zu malen er sich vergebens abmühte, jedoch sicher spielen zu können glaubte ... [...]. So schrei doch! Schrei! raste Gasztowt. Und im selben Augenblick hörte er einen grausigen Schrei, der die Luft in Fetzen zu zerreissen schien – einen Schrei, der sich mit einer Flut von Farben in seine Seele ergoss, tollgewordenen Farben, in denen giftige Gase brannten, mit denen die Gischt kochenden Gemenges verschiedenartiger Salze und Metalle herumspritzte – und es sah aus, als ob die Regenbogen werdender Welten im tödlichen Ringkampf sich ineinander verkrampften.[22]

Weryho bestätigt dem musizierenden Künstler, dass er «den Schrei der Strasse gehört [habe], denselben Schrei, der wahrscheinlich den Geheimschlüssel zu dem tiefsten Verständnis Ihrer Bilder bedeutet».[23]

---

21 Przybyszewski: Der Schrei, S. 160–161.
22 Ebd., S. 82–84.
23 Ebd., S. 106.

Gasztowt wird es nicht vollbringen, den Schrei zu malen, den er im Geigenklang herzustellen wusste. Schopenhauer ist nochmals aufzurufen, der die Dichtung und das Schauspiel als mögliche Medien der Schreirealisierung erachtete. Dass er nicht die Musik nennen konnte, liegt an ihrem Entwicklungsstand im Jahre 1819. Hundert Jahre später wurde nicht nur die Atonalität realisiert, auch war die Geräuschkunst der Futuristen Wirklichkeit geworden.

> Heute sind wir ihrer [Beethoven und Wagner] überdrüssig und geniessen es viel mehr, die Geräusche der Tram, der Explosionsmotoren, Wagen und schreienden Menschenmengen in unserer Vorstellung zu kombinieren, als beispielsweise die ‹Eroica› oder die ‹Pastorale› wiederzuhören.[24]

Im Roman dementiert Przybyszewski, was er in seinem Essay ein viertel Jahrhundert zuvor behauptet hatte: Der Maler scheitert, er stirbt mit dem Pinsel in der Hand, ohne den Schrei gemalt zu haben. Auch der Ästhetizist kühlt seine Erwartungen ab, nachdem der Maler seine Machtlosigkeit eingestanden hat: «Ich verstehe ja selbstverständlich, dass man ebensowenig den Schrei wie das Vibrieren der Luft oder die Ätherbewegungen malen kann – Farben und Stimme schliessen doch einander aus.»[25]
Der Roman, gelesen als kunstpoetologisches Traktat, nimmt die Position Schopenhauers ein. Die verschiedenen Versionen von Munchs *Der Schrei* mögen kunsthistorisch eine Revolution darstellen, in der Aussage sind sie allerdings entweder plakathaft einfach, weil der Schrecken im Antlitz der Figur einer pathognomischen Zeichenkonvention folgt, oder der Schrei bleibt unbestimmt, weil in den Bildern nichts zu entdecken ist, was den Schrei motiviert und folglich charakterisiert.

Der Roman als literarisches Kunstwerk entgeht aber selbst nicht der grundlegenden Problematik, denn er provoziert die Frage, wie die Beschreibungen des Schreis als angemessene Übersetzungen des Klangereignisses, das niemand je gehört hat, zu bewerten sind. Przybyszewski hat allerdings einen Vorteil: Zeitgenossen, die mit der damals neuen Musik, Geräuschkunst und sprachauflösenden Dichtung vertraut waren, konnten das wild-wahnsinnige

---

[24] Luigi Russolo: Die Geräuschkunst [1916], Basel 1999, S. 11.
[25] Przybyszewski: Der Schrei, S. 169.

Geigenspiel mit der Wirklichkeit in Beziehung setzen.[26] Der Roman arbeitet sich an der Aufgabe ab, vor die sich moderne Kunst gestellt sieht: Der Expressionismus und weitere spätere Kunstbewegungen bemühten sich, Wirklichkeits- und Lebensaspekte in der Kunst aufheben zu können.[27] Andere setzten auf Distanzierung, Befremdung, Abkehr. Bis heute hat sich diese Frontstellung nicht aufgelöst.

Ohne eine ästhetische Bewertung vornehmen zu müssen, ist die zeitgebundene Signifkanz des Schreimotivs hervorzuheben. Die Jahrhundertwende ist eine, die mit Brüchen einhergeht – im sozialen Gefüge, in der Politik, in der Kunst, in den Denksystemen und Weltanschauungen. Mit dem Fortschritt und der Hoffnung auf freie Luft entstehen gleichzeitig Angst, Schmerz und Vergeblichkeitserfahrungen. Der Schrei wird um 1910 zu einem begehrten Topos, zum Pathosträger. Während die Klassiker den Schrei fürchteten, empfinden die Modernen ihn als Kernmotiv ihrer Epoche, dem Gehör und Gesicht gegeben werden muss. Munchs insgesamt acht Versionen des Schreis nehmen in Motiv und Titel eine herausragende Vorreiterrolle ein. In der Zeitschrift *Der Sturm* – Zentralorgan des Expressionismus – häufen sich in den Ausgaben zwischen 1910 und 1923 Beiträge, die das Schreien thematisieren.[28] Ähnliches gilt für den Signifikanten *brüllen*, der sich noch länger hält. Danach dünnt die Verwendung des Motivs aus und findet bis 1932 bald gar nicht mehr statt. Hermann Bahr gibt diesem affektiven Epochenstimmungsbild 1916 in einem Stakkato der Wortwiederholung Ausdruck:

---

[26] In einer Besprechung der Dichtung August Stramms heißt es: «Die Kraft hinter Körper-Form stösst und bewegt. Stürzt in Tiefe und Höhe des Worts. […] Die blutbrüllenden, schattenlosen Biegungen, Aufreckungen, Strahlen des Ich, des Du, des Wir schütten Worte, Ur-Schreie, die letzte Ballungen der Sprache, letztes Dichtmachen des Form-Organismus bedeuten.» Kurt Liebmann: August Stramm, in: Der Sturm: Monatsschrift für Kultur und die Künste, 12 (1921), S. 41–42.

[27] Andreas Beitin war noch 2004 der Ansicht, dass man den Schrei beim Betrachten des Originals hören könne. Allerdings unterlässt er es, das Vernommene zu beschreiben, wie er auch ausschließlich Przybyszewskis Essay von 1894 affirmativ zitiert. Der Roman wird erwähnt, jedoch nicht als Gegenstimme rezipiert. Beitin: Der Schrei, S. 52.

[28] Diese punktuelle Diagnose wird äußerst materialreich für die Bereiche Lyrik, Roman, Drama und Bildende Kunst bestätig von Hilde Zaloscer: Der Schrei. Signum einer Epoche. Das expressionistische Jahrhundert, Wien, München 1985.

> Niemals war Freude so fern und Freiheit so tot. Da schreit die Not jetzt auf: der Mensch schreit nach seiner Seele, die ganze Zeit wird ein einziger Notschrei. Auch die Kunst schreit mit, in die tiefe Finsternis hinein, sie schreit um Hilfe, sie schreit nach dem Geist: das ist der Expressionismus.[29]

Das Anliegen, mit ästhetischen Mitteln die «nackte Seele, nackte Empfindung und Individualität» oder den «Geist» zu erkunden, muss scheitern, denn wer wüsste zu sagen, worin diese bestehen. Der Wunsch, dass sich im Schrei etwas enthüllen möge, regiert die Exkursionen zu neuen Ausdrucksformen. Der Druck von Konventionen und Rhetorik soll im entblößenden Körperklang aufgelöst werden. Was damit gewonnen werden kann, bleibt rätselhaft bis zu dem Kipppunkt, wo der momentane Rausch das Subjekt ergreift, oder sich die Erkenntnis anmeldet, dass es hinter der Kleidung nichts gibt. Die psychologische Rücksichtslosigkeit gegen sich selbst spielt mit dem Risiko der Metaphysiklosigkeit und Kunstlosigkeit.[30]

---

[29] Hermann Bahr: Expressionismus [1916], in: ders.: Kritische Schriften XIV, Weimar 2010. S. 76–82, hier: S. 76.
[30] Siehe Hans Blumenberg: Nietzsche, in: ders.: Die nackte Wahrheit, Berlin 2019, S. 7–32.

Der überwirkliche Schrei

In der Bibel, besonders häufig im Alten Testament, spielt der Schrei als Ausdruck des Leids, des Erschreckens, der Hilfsbedürftigkeit, der Kriegsbereitschaft sowie der Freude eine bedeutende Rolle. Die Affektschilderungen sind motiviert durch Erzählungen von Extremsituationen, in denen sich Menschen bewähren müssen. Da Situationen außerordentlicher Überwältigung nicht immer das Gebet ermöglichen, kann der Schrei an die Stelle der wortgetragenen Gottesanrufung treten. Der Verzweiflungsschrei des gekreuzigten Jesus ist die späte neutestamentarische Version einer etablierten Kommunikationsform mit Gott. «Die schreiende Bedürftigkeit des Menschen ist so in allen Texten des Alten Testaments eine Grundkonstante humaner Gottesbeziehung […].»[1]

Zum etablierten Stilmittel der Darstellung gehört der Vergleich mit dem Brüllen des Löwen, was die Mächtigkeit und Unüberhörbarkeit der Äußerung versinnbildlicht. Vermutlich sind in der Metapher alte Vorstellungen mythischer Provenienz enthalten, die auch zum Sternbild des Löwen geführt und in der Herkules-Legende ihren Niederschlag gefunden haben.[2] Demgegenüber ist es unwahrscheinlich, dass Gläubige in der langen jüdisch-christlichen Geschichte je das Brüllen eines Löwen gehört haben. Die Abwesenheit von Wirklichkeitserfahrung ist die beste Voraussetzung für eine überschießende Imagination, die das Nie-Gehörte vergrößern und in die literarische Tradition einschreiben konnte. Die besondere symbolische Stellung des Löwen und das vorgestellte furchterregende Gebrüll haben dazu beigetragen, dass auch der Herrgott damit assoziiert wurde. Während im Neuen Testament der Schall

---

[1] Alexa Wilke: Schreien (2010), in: https://bibelwissenschaft.de/stichwort/27329/ (letzter Abruf 18.04.2024).
[2] Das erste Abenteuer des Herkules ist der 50-tägige Kampf mit dem Nemeischen Löwen. Völker der Antike wie die Perser, Syrer, Juden, Babylonier und Griechen identifizierten das Sternbild, das später die Bezeichnung *Beta Leonis* erhielt, mit einem Löwen.

aus dem Jenseits weitestgehend entfällt, weil der Messias als Stellvertreter das Wort auf Erden führt, meldet sich im Alten Testament der zürnende und sogar kriegerische Gott ohne Vermittler mit Gelärm, um Schrecken bei Feinden und Gläubigen zu erzeugen.

> Der Herr zieht aus wie ein Held, wie ein Kriegsmann kommt er in Eifer; laut erhebt er das Kampfgeschrei, zieht wie ein Held wider seine Feinde.[3]

> Wie ein Löwe wird er brüllen, und wenn er brüllt, werden zitternd herbeikommen seine Kinder von Westen her.[4]

> Und der Herr wird aus Zion brüllen und aus Jerusalem seine Stimme hören lassen, dass Himmel und Erde erbeben werden.[5]

Eine Erschütterung senkt sich von oben auf die Menschen nieder, die vom Krach eingeschüchtert und zur Demut gezwungen werden. Zwar sind direkte Wortmeldungen Gottes auch im Neuen Testament zu finden, nie jedoch richtet er sich als Schreiender an die Menschen. Das tierische Gebrüll bleibt dennoch erhalten, nur wird es von den ungenannten Verfassern der Offenbarung des Johannes auf einen Boten Gottes verschoben. Im zehnten Kapitel erteilt eine Stimme aus dem Himmel einen Befehl. Der Text lässt jedoch offen, ob der Imperativ von Gott artikuliert wird. Zuvor erklingt als Präludium der Schrei eines Engels zusammen mit sieben Donnerschlägen:

> Und ich sah einen andern starken Engel vom Himmel herabkommen; der war mit einer Wolke bekleidet, und ein Regenbogen auf seinem Haupt und sein Antlitz wie die Sonne und Füße wie Feuersäulen, und er hatte in seiner Hand ein Büchlein aufgetan. Und er setzte seinen rechten Fuß auf das Meer und den linken auf die Erde; und er schrie mit großer Stimme, wie ein Löwe brüllt. Und da er schrie, redeten sieben Donner ihre Stimmen.[6]

Die Konzeptionen der numinosen Sphäre, ausgestattet mit Brüllwundern und donnernden Stimmen, erscheint als Fantastik aus ferner Zeit. Spuren der Vor-

---

3 Jesaja 42,14.
4 Hosea 11,10.
5 Joel 4,16. Weitere Belegstellen Jeremia 25,30; Amos 1,2; Hiob 37,4.
6 Offenbarung 10,1–3.

stellung einer übermenschlichen Stimme, die durch pure Lautgabe auf die Seelen und Körper der Menschen einwirkt, lassen sich nichtsdestotrotz auch in der Moderne finden.

Edvard Munchs Bilder und Prosagedichte, die seine Vision des «großen, unendlichen Schreis durch die Natur» zum Thema machten und Repräsentationsprobleme aufwarfen, verlieren vor dem mythologischen Hintergrund ihren Charakter als geschichtslose Privathalluzination. Seine naturmystische Erfahrung gibt sich als ein Phänomen des Nachlebens zu erkennen. Vor allem die Passage aus der Offenbarung weist im Vergleich mit Munchs literarischer und malerischer Verarbeitung von Feuer und Farben, von Himmel und Licht unübersehbare Analogien auf. Munchs psychopathologische Vision des übermenschlichen Schreis wiederum relativiert die frühere naturmagische Vorstellung, wonach Donner und Blitz als Emanationen eines großen Jenseitswesens gedeutet wurden. Sigmund Freud hat auf die Strukturähnlichkeit zwischen dem primitiven Animismus, der im Alten Testament vollgültig vorhanden ist, und dem System der Neurotiker hingewiesen.[7] In beiden Erlebnissphären herrscht die Dichotomie von Oben und Unten, Macht und Ohnmacht, Surrealismus und Realismus, die auf einer Welterfahrung des Übersinnlichen durch das Sinnliche beruht. Der Schrei ist immer mehr als ein Verlauten; impliziert ist eine Metaphysik der existenziellen Befindlichkeit und eines Seinsgrundes, der nicht zu ergründen ist. Die Erzählungen bilden Existenzialien des Unterworfenseins ab, mit denen die Subjekte konfrontiert sind.

Eine ältere Illustration der zitierten Verse aus der Offenbarung zeigt den Engel zwar nicht als Schreienden («Gar greuwlich ruefft»), doch werden die donnernden Stimmen als Köpfe ausgeführt, die mit geblähten Wangen ihre Wellen, Strahlen oder Winde zur Erde senden (Abb. 11). Die Löwenmetapher, ganz dem sprachpoetischen Register zugehörig, wird zugunsten einer Atembildlichkeit aufgegeben.

Die ikonografische Übersetzung ist nicht nur zurückzubinden an die Ästhetikdiskussionen rund um die Laokoon-Skulptur und Munchs Bild, die das Motiv eines Schrei ausstoßenden Gesichts mal als unschicklich, mal als undarstellbar kritisierten. Der Engel in Ammans Holzschnitt steht im Einklang

---

7 Sigmund Freud: Totem und Tabu [1913], in: ders.: Fragen der Gesellschaft / Ursprünge der Religion, Studienausgabe IX, Frankfurt a. M. 1975, S. 295 –454, hier: S. 374–386.

Abb. 11: Jost Amman: *Neuwe Biblische Figuren deß Alten und Neuwen Testaments*, 1565

mit dem Anstands- und Schönheitpostulat, widerspricht jedoch der Undarstellbarkeitsthese des 19. und 20. Jahrhunderts. Dieser Illustration aus dem 16. Jahrhundert gebührt aber vor allem Interesse, weil sie die Motivwanderung hinleitet zur massenkulturellen Bebilderung im Unterhaltungsmedium des Comics. Fernab von biblischer Legendenkunde und psychotoider Erfahrung findet der übermenschliche Schrei seinen Niederschlag im Trivialgenre der Superhelden-Mythologie. In der *X-Men*-Serie des Marvel-Verlags werden Geschichten über Mutanten erzählt, die aufgrund ihrer besonderen genetischen Ausstattung kampfgewaltige Stimmfähigkeiten besitzen. Zu diesen Hybriden aus Mensch und Übermensch gehören Banshee (Abb. 12) und Siryn (Abb. 13).

Die Namen der beiden Mutanten gehen zurück auf alte Überlieferungen: Banshee ist im keltischen und irischen Volksglauben eine Todesfee, die sich mit

Klagen und Kreischen bemerkbar macht.[8] Wo ihre Stimme erklingt, drohen Wahnsinn und Tod. *Siryn* ist die sprachliche Verballhornung von Sirene – einerseits Anspielung auf das mythologische Mischwesen aus Mensch und Vogel, das mit betörendem Gesang Seefahrer in den Tod lockt, andererseits Referenz auf das technische Gerät zur Erzeugung von heulenden Warnsignalen. Die Comic-Autoren übertragen Aspekte der Vorläufer auf ihre Heldencharaktere – und lassen sie über die Gabe verfügen, den «sonic scream» auszustoßen. Mit diesem hochenergetischen Schrei lassen sich gleichermaßen Gegner betäuben, zerreißen und hypnotisieren wie technische Geräte außer Kraft setzen.[9]

Abb. 12: Len Wein, Dave Cockrum: *Giant Size X-Men #1*, 1975

Die Superhelden sind nicht den Gesetzen der Erdenschwere unterworfen, ihre Kampfeinsätze gegen das Böse, Monströse und Verbrecherische spielen sich aus Positionen der engelhaften Höhe ab. Als Repräsentanten des Guten und

---

[8] «The horse had stopped, apparently frightened at the sudden presence of the figure, which stood in the manner I have described, still uttering the same piercing cries, for about half a minute. It then leaped upon the road, disappeared from our view for one instant, and the next was seen standing upon a high wall a little way up the avenue, on which we proposed going, still pointing towards the road to Spring House, but in an attitude of defiance and command, as if prepared to oppose our passage up the avenue.» T. Crofton Crooker: Legends of the Banshee, in: ders.: Fairy Legends and Traditions of the South of Ireland, Philadelphia 1844, S. 105–125, hier: S. 120.

[9] Umfassende Informationen zu den Fähigkeiten und Historie der Figuren siehe https://x-men.fandom.com (letzter Abruf 18.04.2024).

Abb. 13: Mary Wolfman: *Spider-Woman #37*, 1978

Gerechten ähneln sie dem alttestamentarischen Brüllgott und dem neutestamentarischen Schreiengel. Während jedoch die biblischen Himmelswesen die vokale Performance ausschließlich zu Zwecken psychischer Beeindruckung aufführen, sind das Kreischen Banshees und Siryns Handlungen des Tötens, Lähmens und Abwehrens.

Der Comic hat sich in der Geschichte der Illustration den Vorteil erarbeitet, dass er ästhetische Rücksichtslosigkeit und melodramatische Gutmenschüberzeugungen nutzt, um in der Manier von Tagträumen Weltbewältigung zu betreiben. Die Fantastik ist nicht unähnlich jener in Ammans Bibel-Illustration. Im Comic wie im Holzschnitt muss der Schrei nicht ausschließlich als aufgerissener Mund dargestellt werden. Die unsichtbaren Schallwellen («sonic lance») werden kurzerhand als Ströme gezeichnet, die aus den Heldenmündern kommen. Ein weiteres genre-typisches Gestaltungselement sind die typografisch umgesetzten Onomatopoetika. Das lang gezogene EEEEEE

Banshees schrillt visuell durch die Szene.[10] Die anspruchsvolle Frage nach der Angemessenheit der künstlerischen Mittel stellt sich für den Comic nicht in dem Maß wie in der tradierten Hochkunst. Das Genre gehorcht dem Gesetz der unmittelbaren Verständlichkeit und dem der Evokation von futuristischer Synästhesie, mit der die aufpeitschende Wirkung der Kampfszenen erzielt wird. Trotz wilder Bildlichkeit und wechselvoller Handlungswendungen folgen die Geschichten einer einfachen Dramaturgie: Die offensive Aggression der Helden erscheint als probates Mittel, um die Weltuntergangsbedrohungen abzuwehren und eine Wunschwelt der Befreiung entstehen zu lassen.

Gott, Engel, Fabelwesen, Feen und Superhelden gehören einer Familie der machtvollen Stimmwunder an, die über die Befähigung zur Destruktivität oder wenigstens Bedrohungsmacht verfügen. Das Brüllen und Kreischen der Überwesen sind Eigenschaften, in denen emotionale Kälte und Dämonie zum Ausdruck kommen. Denkt man psychoanalytisch, so erscheinen die Personifikationen als Repräsentationen des sadistischen Vaters oder der bösen, verfolgenden Mutter. Deren Stimmen sind ohne Liebe, ohne Weichheit, sprachlos. Die psycho- und somato-sonische Waffe verletzt die Ohren, die Seele und raubt die Lebenskräfte. Dem widerspricht nicht, dass die Zerstörer als legitimierte Instanzen der Gerechtigkeit auftreten. Die Überhöhungen folgen der Rationalität des Wunsches: Das Bedrohliche muss als identifikationswürdig erscheinen, um der Gefahr der Vernichtung zu entgehen.[11]

---

10   Das Spruchband in der frühneuzeitlichen Malerei als Symbol des mündlichen Wortes stellt einen Vorläufer zur Comic-Sprechblase dar. Die vorsprachliche Interjektion kennt das Spruchband allerdings nicht.

11   Erkennbar wird die paranoid-schizoide Position des hilflosen Kleinkindes, die Julia Kristeva – Melanie Klein folgend – so beschreibt: «Nevertheless, the omnipotent child does not give up the ambiguous delights of the paranoid-schizoid position of a former projective identification during which all psychic impulses were located within an undissociated, fusional other. Or else the child refuses separation and mourning and, instead of tackling the depressive position and language, takes refuge in a passive position, in fact a schizo-paranoid one, dominated by projective identification – the refusal to speak that underlies a number of language retardations is in fact an assertion of omnipotence and thus of primary ascendancy over the object.» Julia Kristeva: Black Sun. Depression and Melancholia, New York 1989, S. 63.

Abb. 14: Yoko Ono: *Voice Piece for Soprano*. Performed by Yoko Ono, 1961

Der gekünstelte Schrei

Dass das Schreien nicht nur eine psychische Entlastungsfunktion hat, wird im Vergleich von Orten wie Sportplatz, Konzertsaal, Krankenhaus oder militärischem Übungsplatz deutlich. Nicht jeder ist zu jeder Zeit und zu jeder Gelegenheit berechtigt, dort brüllend oder kreischend aufzutreten. Generell unterliegt die Lizenz zur lauten Äußerung strengen impliziten Regeln. Innerhalb dieser sozialen Rahmungen gehorcht das Schreien dem Diktat der Seltenheit oder Ausnahme, was wiederum auf eine kulturelle Grundgehemmtheit als Normzustand zurückzuführen ist.

Jenseits der akzeptierten clamorösen Sondersituationen gibt es Orte, an denen das Laute grundsätzlich verpönt ist. Neben den sakralen Räumen sind es vor allem die der Kunst, in denen geradezu Schreiverbot herrscht. Stille, die allenfalls durch das Flüstern unterbrochen wird, signalisiert Verinnerlichung, Ehrfurcht, Andacht, Nachdenklichkeit.

Wenn der österreichische Künstler Werner Reiterer im Kontext von zwei Installationen die Besucher imperativisch zum Schreien «so laut Sie können!» auffordert, dann hat er mehr im Sinn, als den Bruch der Verhaltenskonvention zu initiieren. Die Attacke zielt nicht allein auf die Institution des Museums, sondern ebenso auf die leib-seelische Kondition der Schreienden. Es bedarf trotz des Befehls zum Lärmen des Mutes, die Rolle des Enthemmten vor anderen Besuchern einzunehmen. Vor allem bei der Installation *Breath* (2006/2009) war die Ortsgegebenheit wenig förderlich für die Überschreitungsgeste, denn der Schrei sollte in einem festlichen Barocksaal des Belvedere in Wien erschallen. Das aristokratische Ambiente mit den historischen Implikationen feierlicher Selbstkontrolle und ritualisierter Fröhlichkeit versetzt jeden Schreier an die Grenze zivilisatorischer Akzeptanz.

Breath hat einen Vorläufer. 1961 notierte Yoko Ono ihr fluxistisches *Voice Piece for Soprano*. Das instruction piece besteht aus drei Anweisungen:

«Scream. 1. against the wind 2. against the wall 3. against the sky».[1] Aufgeführt wurde es nicht nur von Yoko Ono selbst (Abb. 14); in Museen und Galerien waren Besucher aufgefordert, den dreifachen Schrei einschließlich imaginierten Himmels und Windes auszuführen. Auch wurden späterhin Mikrofon und Lautsprecher benutzt, um die vokale Enthemmung noch zu vergrößern. 2010 beschreibt ein Mitarbeiter des MoMA seine Erfahrung des Vergehens an den Regeln der Institution wie folgt: «I stared at the microphone for a while as a perfectly reasonable voice in my head informed me that I would not, under any circumstances, make a loud noise in a museum. Fifteen long minutes later, after watching several brave souls roar their hearts out in defiance of all propriety, I stepped up to the mic and let out a trio of wavering screams, each slightly less pathetic than the last.»[2]

Trotz der Ähnlichkeit der Ausgangssituation unterscheidet sich *Breath* von *Voice Piece for Soprano* durch den installativen Kontext, der andere psycho-semantische Reaktionen bewirken konnte. Schreier im Belvedere bemerkten rasch, dass die gellenden Lautäußerungen – die eine bestimmte Mindestdezibelzahl erreichen mussten! – eine Funktion hatten: Sie triggerten nicht nur die festlichen Kronleuchter über den Köpfen, deren Licht drei Mal automatisch ab- und aufgedimmt wurde, synchron war zudem über Lautsprecher das kräftige Aus- und Einatmen eines Mannes zu hören.

Die Aktivierung zum Fehlverhalten in einem Raum mit festgelegten Verhaltensritualen, in dem sowohl die Befreiung vom Benimmzwang wie auch die Befolgung eines Befehls gefordert wird, hat der Künstler als institutionskritische Qualität der Arbeit ausgewiesen.[3] Die ästhetische Unmittelbarkeit bestehend aus innenarchitektonischer Opulenz, Brüllen, Atemgeräusch und Lichtspiel dürfte darüber hinaus noch ganz andere Eindrücke vermittelt haben.

Die pneumo-akustische Belebung des Raums zwischen Stille, kurzem Aufruhr und akustisch-optischem Ereignis drängen jede Nachdenklichkeit in den Hintergrund. Das Call-and-Response zwischen Schreier und prunkvol-

---

1 http://sonicflux.walkerart.org/ono/ono_index.html (letzter Abruf 18.04.2024).
2 Jason Persse: From a Whisper to a Scream: Following Yoko Ono's Instructions (2010), in: https://www.moma.org/explore/inside_out/2010/07/14/from-a-whisper-to-a-scream-following-yoko-onos-instructions/ (letzter Abruf 18.04.2024).
3 Werner Reiterer: Breath, Ausstellungskatalog Belvedere, Wien 2010, S. 30.

lem Lichtatem bedeutet eine Abkehr vom Modell des distanziert-sinnierenden Rezipienten. Die Aktivierung des Körpers in Relation zum Werk erzeugt unweigerlich eine affektive Aufgeladenheit. Wird der Appell wirklich ernst genommen, muss sich der Akteur zu einer besonderen Anstrengung motivieren. So laut wie möglich zu schreien, erfordert ein psychos-omatisches Zusammenziehen von Energie. In einer filmischen Dokumentation ist Reiterer zu sehen, wie sich sein Körper im Schrei krümmt, wie er die Fäuste ballt und in die Knie geht, als müsse eine unsichtbare Masse herausgepresst werden.⁴ Jeder Brüllende gerät unweigerlich in einen Zustand der Selbstaffektion. Welche innere Lebhaftigkeit aber wird aufgerufen? Zorn, Leid, Befreiung, Lust? Auch der eingespielte Atem kann nicht wahrgenommen werden, ohne ihm einen Gefühlswert zuzuschreiben. Es ist, als habe der brüllende Mensch das Objekt mit einer Emotion versehen.

Abb. 15: Werner Reiterer: *Mother's Advice*, 2010

Das Überraschungsmoment im Augenblick des atmenden Austauschs vertieft sich in einer weiteren Installation zur beklemmenden Begegnung. In *Mother's Advice* (2010), basierend auf dem gleichen technischen Dispositiv, tritt der Kunstakteur einem gewöhnlichen Schrank gegenüber, auf dem eine Tischlampe steht. Auch hier ergeht die Aufforderung zum lauten Schrei und

---

4   Ralph Goertz (Reg.): Jetzt bloß nicht das Feuer verschütten!, 2016.

wieder erklingt aus dem Schrankinneren ein dreifaches Aus- und Einatmen. Wie im Falle der Lüster strahlt Licht rhythmisch durch das Türglas. Gesteuert von einem Zufallsgenerator, wird der letzte Atemzug von einem Niesen, Husten oder Pfeifen punktierend abgeschlossen, dazu flackert kurz das Tischlicht auf (Abb. 15).

Die ästhetischen Qualitäten des atmenden Schranks sind im Vergleich mit *Breath* von anderem Charakter. Das Rauschen des Einatmens ist sanfter, es kommt aus befreiter Brust; das stimmhafte Ausatmen ist ein tiefes schwingendes Vibrieren, das an ein lustvolles Stöhnen erinnert. Die Geschlossenheit des Möbels, die leibliche Nähe und das auf Sinnlichkeit ausgerichtete Atmen erzeugen den Eindruck des Geheimnisvollen. Etwas geschieht hinter verschlossenen Türen, dessen Sinn man nicht versteht. Der Schrei wirkt wie ein Stören und erscheint als Ausdruck der Verstörung. Obwohl das Atmen im Schrank vom Künstler stammt, glaubt man zwei Körper zu hören, einen atmenden Dialog.

Während *Mother's Advice* ein Ausgeschlossensein in Szene setzt und den Schrei als Geste der Hilflosigkeit markiert, wird er in *Breath* aufgrund der Pachtentfaltung und der vertikalen Machttopografie als Protest erfahrbar. Das lauthalsige Anhauchen des Gepränges findet eine Antwort – in was? In einem letzten Atemzug, in einer verächtlichen Missachtung des Rufs?

Die Deutungsmöglichkeiten platzieren den partizipierenden Akteur in einen Raum des semantisch Ungefähren. Die medialen Effekte bilden eine Oberfläche, die zu einem fortgesetzten Spiel mit der Installation verleiten. Werner Reiterer berichtet, dass Besucher teilweise in eine Art Brüllrausch verfielen, als seien sie in der Situation gefangen.[5]

Das Setting führt den Besucherakteur zurück zum Ursprung – ontogenetisch und mythogenetisch. Der Schrei, dieser entleerende Ruf ohne nennbaren Inhalt, stellt die erste Form der Präsenz- und Bedürftigkeitsmeldung des Menschen dar. Er ist eine mächtige und machtlose Investition in den Anfang. Desgleichen teilen die weltlichen Kunstwerke die Elemente mit dem kosmogonischen Mythos der Genesis. Hinter dem ästhetischen Schleier bleiben zwei Urbilder wirksam – brüllender Sturm, Wellen, Rhythmus, spiritueller Atem und Lichtwerdung, Tag und Nacht.

---

5 Reiterer: Breath, S. 32.

Tohuwabohu und Chaos, die das Wort, das noch geboren werden muss, zucken lassen. Meine Emotionen folgen exakt diesen beiden Bewegungen: den kleinen, minutiösen, stoßenden Atemzügen und Pulsschlägen, der Gänsehaut und dem Zittern der Hände; dazu den großen chaotischen Bewegungen des Körpers; ich renne kopflos irgendwo hin ... [...] Die Sprache folgt der Emotion, die eine aus dem Leben kommende rhythmische Welle des Fleisches und des wüsten Schreis ist.[6]

Im Vorschein auf die Wirklichkeit bedeutet der Schrei ultimative Selbstaufgabe, aber auch das Einsetzen der Zeit und des Seins vor der Sprache. Das Rauschen des Atems hier und das ziellos begehrende Schreien dort begegnen einander in einer offenen Situation, wo Sinn erst entstehen muss.

Eine vergleichbare Konstellation mit inszenierter Verhaltensunangemessenheit schildert Michel Leiris. Antonin Artaud war Gast einer Konferenz an der Sorbonne, die den Problemen der modernen Kunst gewidmet war. Im Kreis der Gebildeten und des gepflegten akademischen Austauschs gab Artaud, der, wie Leiris versichert, zu diesem Zeitpunkt noch nicht psychisch zerrüttet war, «die Kostprobe eines theatralischen Schreis», «mit vollen Lungen ausgestoßen und von einer gewissen Dauer».

Ausdrucksvoll gewiß, aber jenseits aller Sprache und von keiner Modulation verfälscht, der Schrei im Zustand der Reinheit, man nennt ihn auch den unartikulierten Schrei (wie der, den die Folter, das Grauen, die tolle Freude entreißt). Der Schrei: Verwilderung der Stimme, die, zu den Ursprüngen anscheinend zurückgekehrt, ihre Identität verliert und, an ihre biologische Basis zurückgegeben, nicht mehr als männlich oder weiblich bestimmt werden und die man kaum als von einem menschlichen Wesen rührend erkennen kann.

Der «Schrei, mit seiner abrupten Gewalt, [ist] tatsächlich ein Loch oder ein Riß im Gewebe des gesellschaftlichen Lebens»[7], schreibt Leiris. Selbst die Künstlichkeit der Performances belässt dem Schrei etwas, das nicht kodifizierend eingefangen und damit beruhigt werden kann. Es ist zu viel Leiblichkeit im Spiel, die im Dunkeln lässt, aus welcher Energiequelle der Ruf ohne festen Sinn schallt.

---

6   Michel Serres: Musik, Berlin 2015, S. 124, 126.
7   Michel Leiris: Schreie, in: Bernd Mattheus, Cathrin Pichler (Hg.): Über Antonin Artaud, München 2002, S. 83–85, hier: S. 84–85.

Abb. 16: Gettyimages, Creative, 2023

Jubelschrei

Der Jubelschrei ist kurz, er ist erlösend und zeigt sich als ein laut tönendes superlativ-verzerrtes Lachen. Eine Wendung zum Guten versetzt den angestrengten Menschen in einen Zustand erhöhter Spannung, die im selben Moment aufgelöst wird. Der Mund, die Kehle, die Brust öffnen sich, der freie Fluss des Atems stimmt den Laut der Erledigung, des Sieges, der Ankunft, der Errettung an.

> Vierzehnmal übersiedelt sie, immer vom Elend von einer Wohnung zur andern gejagt, immer ist da der fünfte oder sechste Stock der einzige, wo sie die Miete erschwingen kann. Und ihre Füße sind wund. Sie zählt die Stufen von Wohnung zu Wohnung, hundert Stufen, hundertzwanzig, hundertdreißig, und ein Jubelschrei bricht aus ihr, wie sie endlich den Freunden berichten kann, daß sie in der Rue St. Honoré um 27 Stufen niedriger wohnt.1

Stefan Zweigs Szene des Elends aus dem ersten Drittel des 19. Jahrhunderts, die vom beschwerlichen Leben der romantischen Dichterin und Schauspielerin Marceline Desbordes-Valmore erzählt, wirkt aus der historischen Distanz befremdlich. Heute wird der Jubelschrei in gänzlich anderen Momenten ausgestoßen – in glamourösen Situationen und vor einem feiernden Publikum. Die Bekundung des freudigen Aufschreis gehört vor allem zur Sphäre des Leistungssports. Der elegante Torschuss im Fußball, der Sieg im olympischen Wettbewerb, das Erzielen einer neuen Bestmarke versetzen die Akteure in kurze Ekstasen. Voraussetzung für den Jubel ist eine Phase des Superstresses, der explosionsartig in Supereuphorie übergeht. Als fiele eine Last von ihnen, erleben wir Menschen im Ausnahmezustand, die jedoch darin ganz bei sich sind. Auch in der Geschäftswelt erklingt der Jubellaut, wenn der Abschluss gelungen, der Gewinn sprunghaft maximiert ist oder die Aktie steigt. Das Wort

---

1 Stefan Zweig: Marceline Desbordes-Valmore, Leipzig 1927, S. 51.

Börsenjubel indiziert den Zusammenhang von Hochstimmung und Kapitalgewinn. Die Übersteigerung der Normalität und das Superlativische haben konventionell Anspruch darauf, lautstarke gestische Begleitung zu erhalten. Das herausragende Individuum vergeht sich an keiner Etikette, wenn es plötzlich aus ihm herausbricht. Der Jubelruf ist akzeptiert, weil er ein Zeichen der Selbstbehauptung, der Leistungsfähigkeit und Souveränität in Konkurrenzmilieus ist. Er spielt die Rolle der Pathosformel in der Leistungsgesellschaft.

Aufgrund seines kulturell akzeptierten Charakters und des eindeutigen dramatischen Gehalts wird er medial gewürdigt und genutzt, um Erfolg expressionistisch als attraktive, lustbringende Orientierungsmarkierung zu propagieren. Symptomatisch für das Bedürfnis nach Jubelrepräsentation ist das Angebot der kommerziellen Bilddatenbank *Getty Images*: Im Bereich für inszenierte Fotografie (*Creative*) können «20.346 Fotos und hochauflösende Bilder zu Jubelschrei» abgerufen werden (Abb. 16); weitere 12.594 dokumentarische Fotografien lassen sich im *Editorial*-Bereich aufrufen.[2] Die affirmative Potenz der Nach- und Vorbilder findet hier ihre eindrückliche Bestätigung.

Im Jubilieren – folgt man der Wortgeschichte[3] – mischen sich Jauchzen, Jodeln und wildes Geschrei. Freude und Feierlichkeit bilden eine Einheit, die in momenthafter Verzückung erlebt wird. Auch wenn die individualistische Ausdrucksprägung bei Selbstüberwindern ein Modernitätsphänomen darstellt, das durch mediale Umwelten Verstärkung erfährt, so darf man dennoch ein psychisches Erbe aus der Menschenfrühzeit vermuten. Die Erfahrung des Überlebens nach langen anstrengenden Jagden oder bestandenen Gefahren muss sich als Erleichterung in den Psychismus eingeschrieben haben. Der naturentbundene Mensch revitalisiert in sportlichen und kapitalistischen Wettbewerben jene Ursituationen riskanter Durchsetzung.

Dass der gekreischte, gebrüllte oder gejauchzte Jubel nicht unbedingt zum ursprünglichen Verhaltensrepertoire der virtuosen Situationsbewältiger gehörte, dafür liefert das *Deutsche Wörterbuch* von Jacob Grimm und Wilhelm Grimm einige Indizien. Es kennt nicht das Lemma ‹Jubelschrei›, lediglich der

---

2 Stand September 2023, https://www.gettyimages.de (letzter Abruf 18.04.2024).
3 *jubeln*, Deutsches Wörterbuch von Jacob Grimm und Wilhelm Grimm, http://dwb.uni-trier.de/de/ (letzter Aufruf 24.04.2024).

affektschwächere ‹Freudenschrei› ist gelistet.⁴ Der noch von Jacob Grimm bearbeitete Eintrag führt zwei Belegstellen aus Werken Friedrich Maximilian Klingers und Friedrich Rückerts an, mit denen die Possierlichkeit des Freudenschreis belegt wird. Hier wird nicht gesiegt, bewältigt, gefeiert. Anders verhält es sich in den semantisch beieinanderliegenden Einträgen zu ‹Jubelgeschrei› und ‹Jubelgetön› im vierten Band von 1877. Mit ihnen verschiebt sich der Bedeutungsgehalt vom Individual- zum Kollektivmodus. Der Bearbeiter für ‹Jubelgeschrei› liefert zwei Textreferenzen, die den konventionalisierten Gebrauch veranschaulichen sollen. Das Zitat aus dem Versepos *Oberon* von Christoph Martin Wieland aus dem Jahr 1780 lautet:

> der sieger steht, entsündigt
> und rein gewaschen in seines klägers blut,
> vor allen augen da. des herolds ruf verkündigt
> es laut dem volk. ein helles jubelgeschrei
> schallt an die wolken.⁵

Der Sieger verharrt in ehrfurchtsvoller Stille, während das Volk lautstark die Akklamation erbringt. Die Rollenverteilung, wonach nicht der Tatheld jubelt, sondern die bewundernden Tatenlosen, ist auch heute noch in einem exklusiven kulturellen Kontext Sitte. Zwar gehört es zur modernen Dramaturgie bei Sportereignissen, dass die Zuschauermasse den jubelschreienden Gewinner chorisch begleitet und im Gefühl der Identifikation den Sieg miterlebt. Im Konzertleben hingegen, vor allem wenn Stars auftreten, wird die meisterhafte Leistung von Solisten, Orchestern und Bands ausschließlich von den Zuhörern mit frenetischem Beifall, Rufen und Geschrei honoriert. Die Künstler empfangen mit ruhigen Gesten des Gefallens die Wertschätzung.

Das Gefälle zwischen Virtuose und Publikum führt allerdings zu einer Undeutlichkeit hinsichtlich der Affektursache. Es ist zu beobachten, dass nicht unbedingt die künstlerische Leistung die *phrenītis*⁶ erzeugt, vielmehr

---

4   *Freudenschrei*, Deutsches Wörterbuch von Jacob Grimm und Wilhelm Grimm, http://dwb.uni-trier.de/de/ (letzter Abruf 24.04.2024).
5   *Jubelgeschrei*, Deutsches Wörterbuch von Jacob Grimm und Wilhelm Grimm, http://dwb.uni-trier.de/de/ (letzter Abruf 24.04.2024). Das zweite Zitat stammt von Friedrich Müller: «jubelgeschrei des volks aus allen scenen, trompetenstosz».
6   Geisteskrankheit, Wahnsinn.

Abb. 17: Girl screams at the top of her lungs to greet The Beatles at Exeter ABC, 1963

die technische Beherrschung des Instruments die Begeisterungsstürme verursacht. Die künstlerische Performance liegt in diesen Fällen in enger Nachbarschaft zu den athletischen Leistungen. Ebenfalls abgelöst vom eigentlichen künstlerischen Akt ist die Aura des sternenhaften Musikers, der, aus der entfernten Sphäre der medialen Repräsentation, im Konzertsaal zur Realpräsenz wird. Allein die spürbare Nähe versetzt Bewunderer in Verzückung. Diese nur schwer begreifliche Reanimation der Heiligenverehrung kann in seltenen Fällen pathologische Züge annehmen, wofür die Psychiatrie den Terminus *Celebrity worship syndrome* parat hält. Ein historisch bekanntes Beispiel für euphorischen Überschwang ist die *Beatlemania*, die zwischen 1963 und 1964 ihren Höhepunkt erreichte: «Die Live-Konzerte dieser Jahre wurden von ‹orkanartigem› Kreischen und Ohnmachtsanfällen der vor allem weiblichen Fans begleitet. Der Lärmpegel war so hoch, dass die Musiker kaum hören konnten, was sie spielten.»[7] (Abb. 17) Der Begriff der Manie in Verbindung mit dem Künstlernamen hatte ein Vorbild: Lisztomanie. Der junge Franz Liszt inszenierte sich und sein Virtuosentum sehr gekonnt, was die Wirkung auf das Publikum nicht verfehlte. In einem Text der Gartenlaube wird an ein Ereignis des Jahres 1841 erinnert, das die Beatlemanie vorwegzunehmen scheint: Liszt widmete drei Konzerte der studierenden Jugend, die es ihm lautstark dankte: «Bei ihr [der studierenden Jugend] hatte er eine Begeisterung erweckt, die zu solchem Sturm anschwoll, daß, als er nach einem Konzert, um nach Hause zu fahren, seinen Wagen bestieg, die Studentenschaft die Pferde ausspannte und ihn unter lautem Hochruf der umstehenden und bis zum Hôtel ihn begleitenden Volksmassen nach Hause fuhr.»[8]

---

7   *Beatlemania*, Wikipedia, https://de.wikipedia.org/wiki/Beatlemania (letzter Abruf 18.04.2024).
8   Liszt in Berlin, in: Die Gartenlaube, Heft 13, S. 218–219, hier: S. 218.

Trotz dieser Irrungen des Affektgeschehens im marketinggesteuerten Musik-Business bleibt die Tatsache bestehen, dass Musikaufführungen eine leib-seelische Beanspruchung zu erzeugen vermögen. Nicht immer sind die Erlebnisse im Klang mit Vokabeln der Emotionsbenennung wie Freude, Beängstigung, Unheimlichkeit aufzuschlüsseln. Ein unnennbares Mitgerissenwerden und die glückhafte Auflösung alltäglicher Ich-Behauptungen können noch im Augenblick des Verklingens des letzten Tons zu einer spontanen jubilatorischen Bekundung führen. Was in früherer Zeit als mystische Verzückung im Erlebnis mit Gott erfahren werden konnte, findet in seltenen Momenten der musikalischen Umhüllung ihre profane Fortsetzung. Martin Buber zitiert eine ekstatische Konfession aus dem 17. Jahrhundert, in der die Erleuchtung sich nicht anders als in unablässigem Schreien bekunden kann:

> Ja worauf nur meine Sinne fielen, das begriff ich sogleich auf eine geistliche Weise und hatte da eine übernatürliche, ganz unaussprechliche und wohl aufs höchste übermenschliche himmlische Süßigkeit und eine Gemeinschaft mit dem allgemeinen Wesen, so daß ich durch den Überfluß dieser Freude laut aufschrie und mich dessen nicht enthalten konnte. Da stieß ich meine Frau an und sagte so freudig, wie ich war: ‹Kind, bist du wach?› Sie aber wunderte sich, daß ich so fröhlich sprach, und sagte: ‹ja, ich wache und höre dich wohl. […]. Aber warum schreist du denn so?› Ich antwortete: ‹Ich schreie vor großer Freude.› Ich blieb auch die ganze Zeit unablässig im Schreien, und die Freudigkeit war so unaussprechlich groß, daß ich mich des Schreiens nicht enthalten konnte.[9]

Der von Musik begeisterte Mensch wird nicht in diesem Maße auffällig werden, aber das Gefühl von Überfluss kann zu Formen lebhaften Ausdrucks finden: «Rund 90 Minuten später jauchzen und frohlocken auch die zahlreichen Konzertbesucher in der vollbesetzten Pfarrkirche St. Peter und Paul aufgrund des Hörgenusses, der ihnen zuvor beschert wurde.»[10]

Diese *phrenītis* ist nicht die der unglückseligen Schreier in der Psychiatrie. Das Ohr wird zum Totalorgan einer Empfänglichkeit, die das Gefühl einer Entgrenzung erzeugt.

---

9   Hemme Hayen: Aus seinem Lebenslauf, von ihm selbst erzählt und von seinen Freunden treulich aufgeschrieben am 10. Mai 1689, in: Martin Buber: Ekstatische Konfessionen, Leipzig, 1921, S. 167–173, hier: S. 169.

10   Zit. n. *frohlocken*, Deutsches Wörterbuch von Jacob Grimm und Wilhelm Grimm, http://dwb.uni-trier.de/de/ (letzter Abruf 24.04.2024).

Abb. 18: Pieter Bruegel der Ältere: *Sturz der gefallenen Engel,* 1562 (Detail)

Höllengeschrei

Die Hölle ist ein fantastischer, ein unmöglicher Ort – jenseits von Utopie und Dystopie: Ort ohne Zeit, ohne Geografie, ohne Gesellschaftsordnung, ohne Umgebung. Das Einzige, was man von ihr weiß: Sie dient der unendlichen Bestrafung und bewirkt unabänderliches Leid. Die christliche Kultur hat die Drohung der Verbannung in diese Lebensunwelt, wo das ewige Sein als unvorstellbares Grauen erlitten werden muss, als Psychotechnik zur Zähmung des zur Amoralität neigenden Menschen ausgebildet.

Die Ausmalung zum Schreckensphantasma entwickelt sich allerdings relativ langsam. Die Bibel ist noch erstaunlich wortkarg; die angekündigte Strafwelt wird lediglich durch Feuer repräsentiert. Demgegenüber sind die Hexenverbrennungen der Frühen Neuzeit als Vorhölleninszenierungen weitaus effektvoller, um das Nachlebensschicksal der Sünderinnen vorstellbar werden zu lassen. Im Matthäus-Evangelium findet sich eine literarische Formulierung, die sprichwörtlich geworden ist und die Reaktion der Höllenbewohner in denkbar zurückhaltender Weise beschreibt:

> Wie man nun das Unkraut ausjätet und mit Feuer verbrennt, so wird's auch am Ende der Welt gehen. Der Menschensohn wird seine Engel senden, und sie werden sammeln aus seinem Reich alle Ärgernisse und die, die da Unrecht tun, und werden sie in den Feuerofen werfen; da wird sein Heulen und Zähneklappern.[1]

Thomas Mann hat mit Gewitztheit in seinem Roman *Doktor Faustus* (1947) den Teufel selbst auftreten lassen, um ihn die biblische Phrase als ungenügend kommentieren zu lassen. Zuviel steht auf dem Spiel, als das solche am Alltag orientierten Affektäußerungen die Unermesslichkeit der Höllenerfahrung einfassen könnten: «‹Da wird sein Heulen und Zähneklappern›. Gut, das sind ein paar Wortlaute, aus ziemlich extremer Sphäre der Sprache gewählt, aber

---

1 Matthäus 13,40–42.

eben doch nur schwache Symbole und ohne rechte Beziehung zu dem, was da ‹sein wird›, – rechenschaftslos, in Vergessenheit, zwischen dicken Mauern.»[2]

Eine erste Ausmalung, wie man Hölle zu imaginieren habe, findet sich in der apokryphen Offenbarung des Petrus. Der Autor beschreibt ausführlich, wie das mächtige Feuer der Strafe alle «Bösewichter, Sünder und Heuchler»[3] trifft. Der Text expliziert eine Reihe von Feuerfoltern, in der jede einzelne einem Sündertypus zugeordnet wird. Unter einem Realismusdiktat müsste man erwarten, dass der Autor zu einer erschreckenden Darstellung der Schmerzreaktionen in Gestalt von Schreien, Brüllen, Kreischen oder Krächzen kommt. Bei Petrus erzeugen die Quälereien allerdings nur «Zähneknirschen»[4] – was als «schwaches Symbol» dem Zähneklappern sogar nachsteht. Allerdings kommt der Schrei bei Petrus zu seinem Recht. Es sind nicht die Sünder, sondern deren unschuldige Kinder, die «wegen ihrer Eltern zu Gott seufzen und schreien».[5] Der Schrei ist auf der Seite der Hoffnungsvollen, bei jenen, die noch einen Adressaten kennen. Der Schrei ist phatisch, wenngleich er nichts mehr zu erreichen vermag.

Sehr viel später nähern sich Autoren und Künstler dem Ungeheuren der Hölle mit hyperbolischen Beschreibungen und Visualisierungen. Das, was nie gesehen und gehört, nie an Leib und Seele erfahren werden kann, aber als Horrorbild ins Über-Ich-Gedächtnis eingebrannt werden soll, wird nicht zuletzt und effektvoll mit einer Clamor-Ästhetik versehen. In Pieter Bruegels *Sturz der gefallenen Engel* (1562) wird jede der höllengesunkenen Kreaturen mit aufgerissenem Mund oder Maul sowie mit geweiteten Angstaugen gezeigt. Da die Malerei keine Stimme hat, müssen wir uns fragen, ob wir Erstickende, Schreiende oder vor Entsetzen Erstarrende sehen (Abb. 18).

Eindeutiger wird das clamoröse Geschehen den Lesern von Caspar Erhards sehr erfolgreichem Erbauungsbuch *Christliches Hausbuch, oder das große Leben und Leiden* Christi (1724) vor das innere Auge und Ohr geführt. Die «übernatürlichen, unbegreiflichen und unmenschlichen Peinen der Hölle»

---

2   Thomas Mann: Doktor Faustus [1947], Frankfurt a. M. 2001, S. 331.
3   Offenbarung des Petrus, übers. v. C. Detlef G. Müller, in: Wilhelm Schneemelcher: Neutestamentliche Apokryphen. Apostolisches, Apokalypsen und Verwandtes, II. Band, Tübingen 1989, S. 566–578, hier: S. 569.
4   Ebd.
5   Ebd., S. 571.

werden in Reihen drastischer und detailreicher Folterschilderungen zur Ahnung gebracht. Erhard fragt rhetorisch, wie sich der Jammermensch in der Hölle verhalten würde und gibt sogleich die Antwort:

> Du würdest erbärmlich schreien, und grausam heulen und brüllen, daß dein unmenschliches Geschrei allen Gegenwärtigen Brust und Herz durchdringen würde. Du würdest aussehen wie eine glühende Kohle, und verbrannt seyn, daß man dich nicht mehr kennen könne.[6]

Der Autor visioniert über Seiten hinweg in schwelgerischer Redundanz Feuerszenarios, die veranschaulichen sollen, was Verdammnis bedeutet. Die Steigerungsrhetorik Erhards findet ihren qualitativen Umschlag in einem Bild der Gemeinschaftslosigkeit. Der Lärm der Leidenden ist nicht nur Ausdruck ihrer unsagbaren Schmerzen; in der Hölle verwandelt sich der vokale Krach in ästhetischen Terror, in ein Mehrleiden. Mitleid ist von den Mitleidenden nicht zu erwarten. Mit expliziter Referenz auf das Diktum des Matthäus-Evangeliums wird die Hölle als extreme Schallwellentyrannei ausfabuliert.

> So bedenke denn das ungeheure Höllengeschrei, wenn so viele hunderttausend Millionen Menschen zugleich mit einander rufen und schreien werden. Denn, weil sie alle stets und ohne Aufhören, unmenschliche Peinen leiden, so folgt, daß sie alle ohne Unterlaß heulen und brüllen in Ewigkeit. / Mit den Verdammten werden auch die Teufel heulen, und ein so entsetzliches Geschrei führen, daß der ganze höllische Kerker darüber erzittern wird. Denn einige Teufel werden brüllen wie die Löwen; andere heulen wie die Wölfe; andere bellen wie die Hunde; ja ärger, als alle entsetzlichen Thiere des Landes und des Meeres. O erschreckliches Höllengeschrei! da so viele hunderttausend Millionen Teufel und Menschen zusammen heulen und brüllen werden. Es vermehrt sich aber diese Pein desto mehr, weil die Verdammten an allen Gliedern ihres Leibes voll Schmerz seyn werden. [...] O! wie wird das immerwährende Höllengeschrei und Getümmel den Verdammten so verdrüßlich seyn, und ihre Pein vermehren? O Gott! behüte uns vor diesem ewigen Heulen; laß uns vielmehr anstimmen dein ewiges Lob im Himmel.[7]

---

6   Caspar Erhard: Christliches Hausbuch, oder das große Leben und Leiden Christi [1724], Augsburg 1845, S. 562.
7   Ebd., S. 594.

Das Paradox, das Undarstellbare darstellen zu müssen, findet im großen Lärm seine ideale Umsetzung: Man kann nur noch schreien; sagen, was der Fall ist, erscheint unmöglich zu sein.

Thomas Mann muss das Erhard'sche Erbauungsbuch gelesen haben, denn er nimmt exakt Bezug auf diese paradoxale Herausforderung. Auch wenn seine Teufelsfigur bezweifelt, dass man Worte für das Höllengeschehen finden kann, weil an diesem Ort alles aufhört, «nicht nur das anzeigende Wort, sondern überhaupt alles», so ergeht sie sich dennoch in einer ergötzenden Beschreibung der grausigen Klangwelt:

> Richtig ist, daß es in der Schalldichtigkeit recht laut, maßlos und bei Weitem das Ohr überfüllend laut sein wird von Gilfen und Girren, Heulen, Stöhnen, Brüllen, Gurgeln, Kreischen, Zetern, Grießgramen, Betteln und Folterjubel, sodaß keiner sein eigenes Singen vernehmen wird, weils in dem allgemeinen erstickt, dem dichten, dicken Höllengejauchz und Schandgetriller, entlockt von der ewigen Zufügung des Unglaublichen und Unverantwortlichen. [...] Da werden sie ihre Zunge fressen für große Schmerzen, bilden darum keine Gemeinschaft [...].[8]

Das Zitat, das einem theologischen Disput zwischen Teufel und dem Komponisten Adrian Leverkühn entnommen ist, belegt einen Vorstellungswandel, der sich innerhalb von etwas mehr als 200 Jahren entwickelt hat. Die Gegenweltlichkeit der Hölle, wie sie Erhard versteht, löst sich in der Moderne auf. Was aus dem Mund des Teufels kommt, ist nicht Jenseitsdrohung, sondern Jetztzeitdiagnose: «Darum, zu deiner Beruhigung sei es gesagt, wird dir denn auch die Hölle nicht wesentlich Neues, – nur das mehr oder weniger gewohnte, und mit Stolz Gewohnte, zu bieten haben. Sie ist im Grunde nur eine Fortsetzung des extravaganten Daseins.»[9] Die Hölle lasse, so der Diabolus, den Menschen lediglich die Wahl zwischen extremer Kälte und schmelzender Glut. Dieser Hinweis ließe sich in mehrfacher Hinsicht deuten. Er soll hier allein monosemantisch mit dem Umstand verknüpft werden, dass der Erzähler des Romans zur Zeit des Zweiten Weltkriegs berichtet. Die Analogie zum Autor ist offensichtlich, der 1943 mit der Arbeit am Roman beginnt. Moralische Kälte und emotionale Überhitztheit sind Parallelerscheinungen einer ganzen Epoche. Das Laute, das Geschrei der Führer und der Massen, das Kriegsgeschrei

---

8   Mann: Doktor Faustus, S. 331–332.
9   Ebd., S. 333.

sowie das der Leidenden auf den Schlachtfeldern und in den brennenden Städten sind so real wie unerträglich. Der Erzähler unterbricht an einer Stelle seinen Bericht und benennt, was die Flugzeuge über Deutschland anrichten – Feuerstürme für die Schuldigen: «Unterdessen haben wir die Zerstörung unserer würdigen Städte aus der Luft erlebt, die zum Himmel schreien würde, wenn nicht wir Schuldbeladenen es wären, die sie erleiden. Da aber wir es sind, erstickt der Schrei in den Lüften und kann, wie König Claudius' Gebet, ‹nicht zum Himmel dringen›.»[10]

Literatur, Wirklichkeit und Mythos verschwimmen ineinander. Als in der Nacht vom 27. zum 28. Juli 1943 ein Luftangriff auf Hamburg durchgeführt wurde, der zur Operation *Gomorrha* gehörte, eine Bezeichnung mit sinnträchtiger biblischer Allusion, kam es zu fürchterlichen Feuerstürmen mit Orkanstärken, die Geschwindigkeiten bis zu geschätzten 270 km/h aufwiesen. Eine Zeitzeugin, damals vier Jahre alt, erinnert sich:

> Und irgendwann sind wir dann nach draußen gekommen, und da war eben nur Feuer. Es war nur Feuer. Und es waren nur Funken. Und [...] die Luft war erfüllt von Schreien. Also es war [...] es war die Hölle. Ich hab das überhaupt nicht auf die Reihe gekriegt, was so um mich herum geschah, der Himmel war schwarz, es roch schlecht, und keiner hatte Zeit, niemand. Da hab ich nur in Erinnerung war ein wahnsinniges Gebrüll in der Luft, also ich hab gedacht, alle Gespenster sind also unterwegs.[11]

Ob eine glaubwürdige Erinnerung vorliegt oder eine verfälschende Überarbeitung stattgefunden hat, ist unter dem Blickwinkel psychischer Realität unerheblich. Das Kind wird nicht an die Hölle gedacht haben, der Höllenvergleich kommt aus der Erwachsenenwelt. Die sprachliche Gestaltung ist dennoch nicht als rhetorisches Schmuckwerk zu denunzieren; der Rückgriff auf den Mythos ermöglicht, das Unsagbare sagbar zu machen.

> Feuerkatarakte werden losgelassen und Dunkel und Finsternis wird eintreten und die ganze Welt bekleiden und einhüllen, und die Wasser werden sich verwandeln und gegeben werden in feurige Kohlen und alles in der Erde wird brennen [...].[12]

---

10 Ebd., S. 234.
11 Zit. n. Ulrich Lamparter, Silke Wiegand-Grefe, Dorothee Wierling (Hg.): Zeitzeugen des Hamburger Feuersturms 1943 und ihre Familien, Göttingen 2013, S. 73.
12 Offenbarung, S. 568–569.

> Denn die unerhörte Sonnenfinsternis wird in allen lebendigen und empfindlichen Creaturen eine unnatürliche Angst und Traurigkeit erwecken, daß Alles, was nur Zunge und Stimme hat, vor Leid und Kümmernis weinen, heulen und klagen wird. Alle Vögel des Himmels, alle Thiere der Erde, alle Fische des Wassers, alle Menschen der ganzen Welt werden ein entsetzliches Leidwesen führen, erbärmlich weinen und seufzen, grausam heulen und jammern, unnatürlich rufen und schreien.[13]

Gleichwie die Militärführer ihre Operation alttestamentarisch aufladen, so erteilt Thomas Mann seiner Hauptfigur Leverkühn etwa zur gleichen Zeit die Lizenz, kriegerisches Zeitgeschehen und Mythos kompositorisch zusammenzuziehen. Das Chorwerk «Apocalipsis cum figuris», was eine Bezugnahme auf die Offenbarung des Johannes und ein Druckwerk gleichen Titels Albrecht Dürers beinhaltet, wird vom Erzähler Zeitblom musikanalytisch kommentiert:

> Aber das Markerschütterndste ist die Anwendung des ‹Glissando› auf die menschliche Stimme, die doch das erste Objekt der Tonordnung und der Befreiung aus dem Urstande des durch die Stufen gezogenen Heulens war, – die Rückkehr also in diesen Urstand, wie der Chor der ‹Apokalypse› sie bei Lösung des siebenten Siegels, dem Schwarzwerden der Sonne, dem Verbluten des Mondes, dem Kentern der Schiffe in der Rolle schreiender Menschen grausig vollzieht.[14] (Abb. 19)

Das Schreien bedeutet Sprachlosigkeit, Regression auf einen Zustand vor der Kultur, kreatürliche Dunkelheit. Dabei ist es die Dialektik des technischen Fortschritts, der angewandten Rationalität, die das Zornesgericht auf Erden installiert. Die maschinisierte Destruktionskultur des 20. Jahrhunderts – Schlachtfelder all um all, die Vernichtungsöfen der Faschisten und der künstliche Sonnensturz auf Hiroshima und Nagasaki – ermöglicht den Rückgriff auf den Mythos. In der neuen Funktion als Analogon zur Erfassung abgründiger Wirklichkeiten geht er über in die künstlerische Verfügung. Die Frage jedoch bleibt, ob wir durch die Kunst, wie Papst Franziskus in seiner Ansprache am Friedensdenkmal in Hiroshima sagte, «den lauten Schrei derer hören, die nicht mehr sind».[15] Das chorische Glissando, der sarkastische Diskurs des

---

13 Erhard: Christliches Hausbuch, S. 488.
14 Mann: Doktor Faustus, S. 499.
15 Papst Franziskus: Im Wortlaut: Ansprache am Friedensdenkmal in Hiroshima (2019), online: www.vaticannews.va (letzter Abruf 19.04.2024).

Abb. 19: Albrecht Dürer: *Die heimlich offenbarung iohannis / Das siebente Siegel und die ersten vier Posaunen*, 1498 (Detail)

fiktiven Teufels und die schreienden Menschen bei Dürer müssen die Kritik aushalten, dass sie ungenügende Mittel der Darstellung sind und zu viel ästhetischen Genuss ermöglichen. Wäre aber eine Kunst zu wünschen, die die Macht hätte, das Wirkliche unmittelbar ins Werk zu setzen? Sie wäre nichts anderes als obszöne Wiederholung der Realität.

Abb. 20: William Horgarth: *The Enraged Musician*, 1741

Der lärmende Schrei

Aus dem Deutschen Wörterbuch von Jacob Grimm und Wilhelm Grimm kann man lernen, dass die Wörter *Lärm* und *lärmen* fremdländischen Ursprungs sind. In den romanischen Sprachen lautete der Schlachtruf *all arme* (ital. «zu den Waffen»). Über das Niederländische gelangte der Schlachtruf in die deutschen Heere und verkürzte sich zu *lermen*. Die Aufforderung, zu den Waffen zu greifen, war begleitet von Trommeln und Pfeifen, sodass «ain lerman in dem ganzen leger gemacht mit ainem groszen geschray». Mit diesem Anstoß läuft die etymologische Entwicklung von *lärm* in das 17. Jahrhundert und erhält die Bedeutung «wildes geschrei oder geräusch, tosen, getöse».[1] In Lärm steckt also der Krieg, der Kriegsaufruf.

Die Bedeutungsgeschichte spielt im Alltag keine Rolle mehr. Der implizite historische Sinn hat gleichwohl seine Relevanz bewahrt, wenn er sich auch vom Militär auf den Alltag verschoben hat. Wo immer lärmendes Gezeter angestimmt wird, erleben Menschen dies als Kriegserklärung an die Ruhe, an Besinnlichkeit und an das Gleichmaß lebensweltlicher Verrichtungen (Abb. 20). Streitende Menschen in Nachbarwohnungen, kreischende unerzogene Kinder, grölende Horden Betrunkener, Selbstdarsteller und Rechthaber, die lauthals ihre Meinung kundtun, Schizophrene, die ihre Gespenster schreiend vertreiben wollen, werden als ichsüchtige, die Gemeinschaft störende Gewaltrhetoriker wahrgenommen.

1908 veröffentlicht der Philosoph Theodor Lessing seine Schrift *Der Lärm. Eine Kampfschrift gegen die Geräusche unseres Lebens*. Die Kulturkritik, die der Titel ankündigt, zielt auf Phänomene der Moderne, die als destruktiv für das Denken und Fühlen wahrgenommen werden. Lessing zeichnet das Idyllenbild

---

[1] *lärm, lärmen*, Digitales Wörterbuch der deutschen Sprache, www.dwds.de (letzter Abruf 19.04.2024).

einer Vergangenheit ohne Maschinen-, Verkehrs- und Pöbellärm, die durch eine laute kapitalistische Gegenwart vertrieben wurde:

> Tausend hungrige Menschen, rücksichtslos gierig nach Macht, Erfolg, Befriedigung ihrer Eitelkeit oder roher Instinkte, feilschen und schreien, schreien und streiten vor unseren Ohren und erfüllen alle Gassen der Städte mit dem Interesse ihrer Händel und ihres Erwerbs. [...] Es gibt für Menschen auch in heiligster Gottesnatur kein Glück ohne Geschrei und lärmende Entäusserung![2]

Die Zeitdiagnose weitet Lessing aus zu einer allgemeinen Kulturanthropologie. Einerseits ist für ihn der Mensch zum Schreien geboren, denn er schreit bei Eintritt ins Leben. Späterhin sublimiert sich diese Grundkonstitution in kulturelle Manifestationen: «Man schreit in Zeitschriften, Zeitungen, Journalen, denn diese sind nichts anderes als fortgesetztes, unaufhörliches öffentliches Betten- und Teppichklopfen.»[3] Was heute als ein Aspekt der Aufmerksamkeitsökonomie gilt – die Selbstwertschätzung, aus der der Wunsch nach Beachtung entspringt – würde Lessing als Investitionszwang zum Dauerschlachtruf bezeichnen. Er entdeckt dabei eine Dialektik: Einerseits ist der Mensch zum Lärmen verdammt, um die Distanz zum anderen zu überwinden. Der Stille läge die Entscheidung zugrunde, im fremden Bewusstsein keine Rolle zu spielen. Andererseits ist die Sprachbefähigung die Voraussetzung für die Milderung der animalischen oder primitiven Unmittelbarkeit des Schreis. Die Grundlage seines Denkens wird demonstrativ durch das Motto am Kopf des Kapitels über «Lärm und Kultur» angekündigt. Die prominente Position ist mit einem Abschnitt aus Gotthold Ephraim Lessings *Laokoon*-Schrift besetzt, der mit folgendem Postulat beginnt: «Höflichkeit und Anstand verbieten Geschrei und Thränen.»[4] Der Intellektuelle am Beginn des 20. Jahrhunderts erkennt hinter dem ästhetischen Anliegen des Namensvetters nicht vorrangig die Moralität des frühen Bürgertums. Für den Geistesmenschen bedeutet Stille Ermöglichung von Rationalität, Überwindung des Überlebenskampfes, der Imponiersucht und des Zweifellosen. Lärm ist für den Philosophen «ver-

---

2 Theodor Lessing: Der Lärm. Eine Kampfschrift gegen die Geräusche unseres Lebens, Wiesbaden 1908, S. 14, 15.
3 Ebd., S. 16.
4 Ebd., S. 14.

feinertes Faustrecht».⁵ Die bellizistische Urbedeutung schlägt bei Lessing durch: Lärm ist gegen den Geist, gegen Kultur schlechthin gerichtet:

> In jeder Volksversammlung entscheidet die Lunge. Missliebigen Staatsmännern zeigen sie durch Gejohle ihre ‹Weltanschauung› an. Missliebige Gelehrte boykottieren sie durch ‹Katzenmusik›. Mit nichts anderm beteiligt sich die kompakte Majorität an Aufständen und Revolten, ja an allen ungewöhnlichen Augenblicken der Geschichte, als mit unaufhörlichem Geschrei. [...] Kultur ist Entwicklung zum Schweigen!⁶

Lessings Beobachtung mag inspiriert sein von Gustave Le Bons massenpsychologischer Studie *Psychologie des foules* (1895). Le Bon beschreibt die moderne politische Redekultur als emotional vergiftetes Terrain, auf dem die logische Darlegung wenig auszurichten vermag. Unter anderem zitiert er einen Bericht über eine ausschließlich von Studenten besuchte Versammlung:

> Je weiter der Abend vorschritt, desto heftiger wurde der Tumult. Ich glaube nicht, daß irgendein Redner zwei Phrasen ohne Unterbrechung vorbringen konnte. Jeden Augenblick ertönten Schreie von einer oder der anderen oder von allen Stellen zugleich; es wurde applaudiert, gepfiffen.⁷

Man könnte Lessings und Le Bons Kulturpessimismus als konservativen Reflex auf eine Wirklichkeit verstehen, die tatsächlich lauter geworden ist. Lessings Schlussurteil, wonach der Lärm seines Zeitalters eine Teufelserfindung sei und in dem er den Vergleich mit «fürchterlichem Höllengeschrei»⁸ nicht scheut, wie es die katholischen Theologen imaginieren, erscheint überzogen. Hier spricht ein Kopfarbeiter, der seine Überempfindlichkeit und Bedürftigkeit als ideales Menschengut voraussetzt.

Seine Beobachtung der Medien als Lautverstärker trifft heute allerdings mehr denn je zu. Die inzwischen gängigen Topoi der Medienkritik entsprechen exakt dem von Lessing inkriminierten Primitivismus: die sozialen Medien als Produzenten von Weltanschauungsblasen, Aufmerksamkeitsdefiziten, Affektmanipulation, Marktgängigkeit und Interaktionshemmung. Dass diese Lautseligkeit immer auch ihre digitale Antithese hat, entschärft die Kritik der

---

5   Ebd., S. 21.
6   Ebd., S. 21, 20.
7   Gustave Le Bon: Psychologie der Massen [1895], Leipzig 1908, S. 131.
8   Lessing: Lärm., S. 23.

Fundamentalisten. Im Falle Lessings erfüllten sich die Warnungen vor dem Lärm allerdings auf unheimliche und bestürzende Weise. Nach der Veröffentlichung eines Zeitungsartikels im Jahre 1925, in dem sich Lessing kritisch mit Hindenburg befasst hatte, gründeten extrem völkische Studenten an der TH Hannover den «Kampfausschuß gegen Lessing». Dieser Ausschuss organisierte Störaktionen in den Vorlesungen und Randale vor der Stadtwohnung Lessings. Höhepunkt der pogromartigen Aktionen war eine Demonstration am 31. Mai 1926. Nach den Akten des Ministeriums wurde Lessing von 400–500 mit Bergstöcken bewaffneten Studenten bedroht und daran gehindert, seine Vorlesung zu halten. Während des Kollegs brüllten sie: «Juden raus! Verhaut ihn! Schlagt ihn nieder!», «Juden raus! Lessing raus!» Die Folge war, dass sich ein Teil der Professorenschaft, die städtische Presse sowie Vertreter der Politik mit den Studenten solidarisierten. Lessing erhielt Lehrverbot und emigrierte im März 1933 in die Tschechoslowakei. Nachdem Joseph Goebbels, Minister für Volksaufklärung und Propaganda, im gleichen Jahr 80.000 Mark Kopfgeld ausgesetzt hatte, wurde Lessing am 30. August 1933 durch das Fenster seiner Wohnung im Marienbader Exil erschossen.[9] Lessing saß arbeitend am Schreibtisch. Vermutlich herrschte Stille um ihn her.

Die Empfindlichkeit gegen das Lärmen mag als Ausdruck bürgerlicher Betulichkeit, Spontaneitäts- und Ausgelassenheitsfeindlichkeit angesehen werden. Die Etikette der Stille kann den Atem nehmen. Wo jedoch die Selbstausdehnung durch Lautstärke ohne Kontextsensibilität passiert, ist die Integrität der Umweltbewohner gefährdet. Lessings fatale Erfahrung organisierter Schreierei stellt ein Extrembeispiel dar, weil das Privatschicksal das Modell für ein historisches Kollektivschicksal vorgibt. Die Ekstase der einen wird zur Hölle der anderen.

Die Zonen des Schweigens und des «lermens» können politisch werden, wenn man unter Politik das konflikthafte Zusammenkommen unterschiedlicher Artikulationen versteht. In Lessings Kulturkritik resoniert eine aristotelische Dichotomie, die mit den Begriffen *logos* und *phônê* – Sprache/Verstand und Stimme gefasst werden kann.

---

[9] Jörg Wollenberg: «Juden raus, Lessing raus!». Der Fall Theodor Lessing als drohendes Vorspiel der Ereignisse von 1933, Beitrag für die 25. Konferenz der German Studies Association in Washington, D. C. vom 4.–7.10.2001.

In seinem Buch *Politiká* gibt Aristoteles der Politik, die der Gemeinschaftsbildung sowie dem Guten und Nützlichen zu dienen habe, eine naturrechtliche Begründung. In ihr regelt eine Hierarchie, an deren oberster Stelle der sprachbegabte Mensch und an unterster das Tier stehe, das Vernunftparadigma:

> Denn die Natur schafft, wie wir sagen, nichts ohne Zweck. Nun hat der Mensch als einziges Lebewesen Sprache; die Stimme gibt zwar ein Zeichen von Schmerz und Freude, deswegen ist sie auch den übrigen Lebewesen verliehen, denn ihre Natur gelangte bis zu der Stufe, daß sie Empfindung von Schmerz und Lust haben und sich diese untereinander anzeigen, die Sprache dient aber dazu, das Nützliche und Schädliche, und daher auch das Gerechte und Ungerechte, darzulegen.[10]

Zwischenstufen bilden die Frauen und die Sklaven. Über Letztere, die zum Dienen und Beherrschtwerden geboren sind, heißt es:

> Denn derjenige ist von Natur ein Sclave, welcher einem Anderen gehören kann (und deshalb auch einem Anderen gehört) und welcher an der Vernunft nur so weit Antheil hat, dass er ihre Stimme vernehmen kann, ohne die Vernunft selbst zu haben; denn die Thiere vernehmen nicht einmal diese Stimme, sondern dienen ihren Begierden.

Die naturrechtliche Hierarchie ist allerdings keine Garantie, dass *logos* immer zum Recht kommt. Der Mensch steht in Gefahr, in einen Zustand der Gesetzlosigkeit zu geraten.

> Denn wie der Mensch, wenn er zur Vollkommenheit gelangt, das beste Lebewesen ist, so ist er ohne Gesetz und Recht auch das schlimmste von allen. Ungerechte Gesinnung, die über Waffen verfügt, ist ja am schlimmsten. Der Mensch hält aber von Natur aufgrund seiner Klugheit und charakterlichen Vorzüge Waffen in Händen, die besonders zu einander entgegengesetzten Zwecken gebraucht werden können. Deswegen ist der Mensch ohne charakterliche Vollkommenheit das frevelhafteste und wildeste Lebewesen […].[11]

Noch niedriger als die Frauen und Sklaven kann also der fallen, der nicht einmal in der Lage ist, seine Stimme für die Kommunikation zu nutzen. Was für den Staat gilt, hat eine Entsprechung in der Seele: «Es läßt sich also, wie

---

10 Aristoteles: Politik. Buch I, übers. v. Eckart Schütrumpf, Berlin 1991, S. 13.
11 Ebd., S. 14.

wir sagten, zunächst an einem Lebewesen sowohl die despotische wie politische Herrschaftsform erkennen, denn die Seele übt über den Körper eine despotische Herrschaft aus, die Vernunft über das Begehren eine politische oder königliche.»[12]

Das aristotelische Schema hat Spuren in Lessings Kulturkritik hinterlassen. Er erlebt seine Umwelt des Jahres 1908 als durchsetzt von Menschen, die Sklaven-, Tier- und perverse Tugendlosigkeitsmentalitäten aufweisen. Die spätere Erfahrung des brutalen Antisemitismus bezeugt eine Machenschaft, die Aristoteles vermutlich aus politisch-propagandistischem Interesse nicht denken durfte: die Politisierung der *phônê*.[13] Die gruppenmäßige Randale der völkischen Studenten, das Gebrülle in den Vorlesungen brachte einen Protest hervor, der gegen den *logos* gerichtet war. Die Wildheit überwucherte die Zivilisiertheit. Auch wenn Lessing durchaus Sympathien für das Tier zeigt und an ihm die Unfähigkeit zur Décadence preist, so kann er doch Folgendes berichten: «Wer nur einmal versucht hat, während eines nahen Hundegeheuls zu studieren, der weiss aus Erfahrung, dass man auch in den Pausen, in denen das arme Tier schweigt, zu keiner geistigen Sammlung gelangen kann, weil man immer acht geben muss, wenn er wieder beginnt.»[14] Diese Bemerkung wird ergänzt durch eine vergleichende Wahrnehmungsphysiologie: Das Tier verfüge zwar nicht im selben Maße über Rezeptionsfeinheiten wie der Mensch, doch ist es um seiner Nahrung und Sicherheit willen weitaus empfänglicher für Geräusche. Beim Menschen wiederum bewirkt die höhere Reizbarkeit eine Verletzlichkeit: «Die notgedrungene Gewöhnung an Umgebungsgeräusche jeder Art, wie Zischen, Stossen, Kreischen, Pfeifen und Schreien bewirkt, dass beim Menschen durch andauernde Schwingung der vielen Gehörteile zahllose Nervenstränge chronisch erschlaffen.»[15] Wo die *phônê* als politisches Kampfmittel in Funktion tritt, dort will sie nicht überzeugen, sondern überrumpeln, den Gegner schwächen, niederringen, abstumpfen.

---

12   Ebd., S. 17.
13   Sklavenaufstände gab es sowohl in der griechischen als auch in der römischen Antike.
14   Lessing: Lärm, S. 28.
15   Ebd., S. 32.

Die begriffliche Opposition von Verstand und Stimme ist rein analytisch.[16] Dennoch gibt die aristotelische Unterscheidung trotz verfestigter Vorurteilsstruktur eine beobachtbare Wirklichkeit wieder: Das Geschrei der Menschen wird oft als Regression auf die Stufe des Tierhaften erlebt. Ob Not, Protest oder Euphorie artikuliert werden, man kann dem Schrei selten ohne Ambivalenz begegnen. Die darin angelegte Gewaltförmigkeit kann in Überforderung enden:

> Und plötzlich wurde ich sehr müde und das Gelärme um mich tat mir weh, und ich hielt mir die Ohren zu. Und für einen Augenblick wurde das Gegröle Betrunkener, der Ausruf der Zeitungshändler, das Getute der Autos, der ferne Signalpfiff von der Bahnhofsbrücke zu einem einzigen langgezogenen, klagenden Ne – ver – more …[17]

---

16 «Politik ist gerade deshalb möglich, weil es Leute gibt, die man nur als lärmende Tiere ansieht, die aber behaupten, dass sie sprechen, und die eine sinnliche Welt errichten, in der die Hervorbringungen ihrer Stimme Hervorbringungen von sprachlichen Wesen sind.» Jacques Rancière: Die Wörter und das Unrecht, Wien 2022, S. 26.
17 Carl von Ossietzky: Wie man sich wiedertrifft [1925], in: ders.: Ein Lesebuch für unsere Zeit, Berlin, Weimar 1989, S. 55–59, hier S. 56.

Abb. 21: «The best roller coasters are engineered to trigger a sense of simultaneous fear and ecstasy», 2016

Lustschrei

Der Lustschrei ist ein seltenes Motiv in der Literatur. Auch im Alltag nimmt sich das Wort seltsam aus. Vergegenwärtigt man sich die Bandbreite der menschlichen Genussempfindungen von der Leselust bis zur Tötungslust, von der Wanderlust bis zur sexuellen Lust, so verbinden sich damit selten Vorstellungsbilder des lauten Ausrufens. Forscht man nach der Semantik in literarischen Texten, so stellt sich ein fast eindeutiges Ergebnis her: In Gedichten und Erzählungen sind es vorrangig die Tiere, die aus Lust schreien.

> Mit klirrendem Lustschrei jagen sich die blitzenden Krähen in der Luft, der Bussard schickt aus der Höhe seinen klingenden Ruf hinab, und der Goldammerhahn auf dem Schlehenbusch findet das kleine Lied wieder, das er im jungen Sommer sang, als der Rain zwischen Wald und Feld bunt von Blumen war und voll von fröhlichem Volk.[1]

Werden doch einmal exklamierende Menschen beschrieben, so befinden sie sich oft in Situationen des Voranstürmens und Ausbrechens.

> Durch die schneeverhängten Tanneneinsamkeiten fuhren sie dahin wie die wilde Jagd, und die Zottelbartriesen der Wälder schraken aus dem Schlummer, und es war, als flögen sie im Sprunge zurück, wo die jungen Menschenkinder mit einem Lustschrei vorüberbrausten.[2]

Motivisch verbinden die Momente der Losgelöstheit und Kulturferne Tier und Mensch miteinander. In der scheinbaren Schwerelosigkeit fallen die Hemmungen, und ein psychosomatisches Wohlsein erzwingt den Jubel. Heute kann man dergleichen auf Jahrmärkten und in Vergnügungsparks beobachten,

---

[1] Hermann Löns: Im bunten Wald, in: ders.: Da draußen vor dem Tore, Warendorf 1911, S. 166–171, hier: S. 168.
[2] Rudolf Herzog: Die Buben der Frau Opterberg, Stuttgart, Berlin 1924, in: https://www.projekt-gutenberg.org/herzog/buben/chap006.html (letzter Abruf 19.04.2024).

wenn Menschen in Fahrgeschäften zum Fliegen, Stürmen und Stürzen gebracht werden; aus der kollektiven Kehle schallt der Angstlustschrei (Abb. 21).

Der sexuelle Lustschrei ist in der pornografischen und erotischen Literatur von Autoren und Autorinnen motivisch verankert. Das Wort wurde einmal sogar aus der Dunkelheit zwischen den Buchdeckeln befreit und in der Funktion des Anreizsignals zum Buchtitel gekürt.³ Über diese Zerstreutheit ist es jedoch nicht hinausgekommen und hat keine thematische Vertiefung erfahren. Selbst Elfriede Jelinek, sprachreflektierende Autorin, lässt Phänomen und Wort nur gelegentlich in ihrem schmerzvollen Pornografie-Pastiche *Lust* (1989) auftreten.

Anders verhält es sich beim deutschen Schriftsteller Friedrich von Hagedorn; er verleiht der *exclamatio* eine literarische Würde, indem er kollektive Bewegtheit und erdlösende Transgression ins mythologische Milieu versetzt. Hagedorn war ein Vertreter der anakreontischen Dichtung, die thematisch das Galant-Idyllische, das *Carpe Diem* und die Weltfremdheit der antiken Götterwelt favorisierte. Zwei Verse seiner Ode *Der Wein* (1754) wurden 1881 als Beleg für das ungewöhnliche Wort ‹Lustgeschrei› in den 12. Band des *Deutschen Wörterbuchs* aufgenommen. In der zitierten Ode schildert der Dichter unter anderem ein Bacchusfest, das als enthusiasmierend-lärmendes Geschehen vorgestellt wird. Das Versmaß gehorcht dem jambischen Vierheber, was dem Gedicht eine leicht tänzerische Beschwingtheit verleiht.

> O höret! Welch ein Freudenfest
> Auf jenem traubenvollen Hügel?
> Man jauchzt und singt, und alles läßt
> Der Freiheit und der Lust den Zügel.
> Es ist die Lese. Jeder lärmt
> Und lacht und schreit und spielt und schwärmt
> Und läßt sich nichts zu scherzhaft dünken.
> [...]
> Ich sehe der Bacchanten Lauf;
> Ich sehe sie mit ihren Stangen.
> Sie tanzen, und ihr Lustgeschre
> Zeigt, was der Reben Wirkung sei,
> Die jetzt um ihre Scheiteln hangen.

---

3   Corinna Rückert: Lustschreie, Reinbek b. Hamburg 2009.

Der Trommeln Schlag, der Cymbeln Klang
Durchtönt den Jubel der Mänaden.
Es steigt ihr muthiger Gesang,
Der Chöre Nachruf einzuladen.
Sie rasen, aber nur zur Lust;
Sie rasen mit entblößter Brust.[4]

Die Lust ist laut, jubilatorisch, musikalisch. Das antike Weinfest impliziert neben Alkoholrausch den sexuellen Exzess. Hagedorns Darstellung bleibt in dieser Hinsicht zurückhaltend; gleichwohl kann er als Bürger des 18. Jahrhunderts in ironischer Färbung die Grenzverletzung des Anstands loben. Wie die hinführenden Strophen beweisen sollen, seien kulturelle Errungenschaften aus dem Weingenuss hervorgegangen.

Das Hagedorn'sche Gedicht wird erwähnt, weil der Schrei nicht als Belästigung, Verhässlichung oder Ausdruck psychischer Entartung erscheint. Die Nähe zum Gesang verleiht ihm die Dignität kultureller Gebundenheit. Die wiederkehrende Problematik der Kategorienopposition menschlich/tierisch wird in diesem Text harmonisierend ausgeblendet.

Was bei Hagedorn nur in Andeutungen vorliegt – eine Schönheitsästhetik des Schreis, die Gegenweltlichkeit zur Normalität –, wird in Felix Saltens Novelle *Der Schrei der Liebe* (1928) zum literarischen Gegenstand. Die Genrebezeichnung *Novelle* ist treffend, denn die Geschichte wartet mit einer «unerhörten Begebenheit» auf. Wichtiger noch als das novellistische Muster ist der Märchencharakter des Textes: Die Handlung spielt in einer unbestimmten Vergangenheit auf der fiktiven Mittelmeerinsel Ravellaska. Erzählt wird von einem Königreich, dessen junger Herrscher eine überaus schöne mallorquinische Prinzessin zu heiraten beabsichtigt. Das Märchen kann unumwunden als Männerfantasie charakterisiert werden, denn darin agieren und sprechen fast nur Männer, allesamt Mitglieder des Adels. Freigesetzt von Arbeit, Alltagsnöten und inneren Bedrängungen leben die Figuren in einer utopischen Welt der Harmonie, in der selbst das Volk in der Funktion der Kulisse die Fraglosigkeiten des Königshauses bejubelt. Zu den Einrichtungen dieser Gesellschaft gehört das Mätressentum. Der König unterhält ein Lustschloss, genannt *Favorita*. Anders als in der historischen Wirklichkeit, in der die meist

---

[4] Friedrich von Hagedorn: Der Wein, in: ders.: Oden und Lieder, Hamburg 1754, S. 180–198, hier: S. 184, 191–192.

adeligen Mätressen Beratungsfunktion innehatten und dynastische Interessen verfolgten, gebildet waren und als geistreiche Gastgeberinnen sozial fungierten, erscheinen sie in der Erzählung ausschließlich als Sexualpartnerinnen, die in der heterotopischen Exklusion auf den Geliebten warten. Diese Frauen werden ausgetauscht, je nach Gusto des Herrschers. Der Wechsel der Favoritinnen erfolgt klaglos, das Einvernehmen mit dem System wird vorausgesetzt. Ravellaska erscheint wie ein Neues Kythera, eine Liebesinsel, auf der alles einfach ist. Natürlichkeit und höfische Zeremonialität bilden ein widerspruchsloses Gefüge. Herrschaft wird allerdings nicht mit verharmlosender Schäferschlichtheit unsichtbar gemacht, sie wird in das Paradox einer Liebeskonvention gepresst, die das Gefälle zwischen Mann und Frau offenlegt. Der Titel der Novelle – «Der Schrei der Liebe» – ist ein Euphemismus, denn nichts anderes ist gemeint als der Lustschrei der Frau. Er wird als natürliche Begabung ausgewiesen, wahrgenommen jedoch im Modus einer musikalischen Klangästhetik und Charakterologie. In dieser Hinsicht zeugt er von der Macht des Mannes, der den Schrei begehrt, ihn hervorzulocken versteht und als Ausdruck der sieghaften Unterwerfung deuten kann.

> Und wenn er [König Pescaro] jetzt vom Schrei der Liebe sprach, so muß erwähnt werden, daß die Frauen in Ravellaska wirklich diese Gabe besaßen. Ihnen entrang sich im höchsten Augenblick der Lust ein Schrei, darin ihre ganze Seele sich löste und aussprach. Dieser Schrei war das Bekenntnis ihrer völligen Hingabe; er war der tönende Akkord ihres innersten Wesens, also daß ein Mann, der eine Frau in seinen Armen hielt, sie gleich in allen Tiefen ihrer Art erkannte, wenn dieser Schrei von ihren Lippen drang. Doppelten Sieg gewannen die Männer in Ravellaska, denn sie genossen zu der Wonne des Leibes auch noch den Besitz der Seele, die vor ihnen aufsprang wie eine Knospe in der Sonne, die sich unter ihren Küssen erschloß wie ein bebender Frauenmund, und mit jenem kleinen Schrei all ihre geheimen und letzten Wahrheiten hinströmte, die in Worte nicht zu fassen sind, die niemals gedacht noch gesagt werden konnten. Und nur der eine vernahm sie, der Geliebte. Auch er nur in geweihten Stunden; empfing sie in seinem entfachten Gefühl, wie nur entfachtes Fühlen sie darbringen mochte, schlürfte sie ein gleich einem kostbaren, belebenden und beglückenden Elixier. Deshalb auch war das Begehren der Männer von Ravellaska nimmer ein bloßes Trachten nach dem Körper. Wenn einer eine Frau ansah, die ihm Wohlgefallen erregte, dann sagte er: «Ich möchte ihren Schrei hören!» und es lag darin eine Sehnsucht nach ihrem Leibe wie nach ihrem Herzen gleichermaßen. Eine Lust, in der diese wundersame Melodie fehlte, eine Umarmung, aus der nicht am Ende dieser Schrei sich emporschwang, um über den Liebenden zu schweben

wie die Stimme der untrüglichen Natur, wünschte kein Mann in Ravellaska. Darum gab es in diesem Lande auch keine käuflichen Dirnen. Denn weil nur liebende Hingabe diesen Schrei vom Grunde der Seele löste, und weil er durch keine Kunst der Heuchelei nachgeahmt werden konnte, hätten die Dirnen nur ihren schönen Leib der Begierde zu bieten vermocht. Das allein war aber jeglichem Manne zu wenig. Die Dichter des Landes nannten diesen Schrei den Gesang der Liebe. Das aber war nur ein Dichterwort und traf die Sache nicht. Denn es war keineswegs ein Gesang, wenn es gleich schöner sich anhörte als die schönste Musik. Bald war es ein Aufstöhnen, bald ein kurzes Jauchzen, bald ein schmerzlicher Wehlaut, bald süß wie das Zwitschern fliegender Schwalben, bald rauh und wild wie der Schrei der kreißenden Hindin, bald sanft und schmeichlerisch wie das Miauen eines Kätzchens, dann wieder glühend und innig, wie das Girren verliebter Tauben. Manchmal auch war es ein langgezogener Ruf, der aus weiter Ferne zu kommen schien, wie Leute von anderen Ufern nach der Fähre rufen. Denn jede Frau hatte andere Töne in ihrer Brust, nach ihres besonderen Wesens Beschaffenheit. Anders schrie die Heitere als die Still-Nachdenkliche, anders die Kühle und die Heiße, die Zaghafte und die Mutige, anders schrie die an Sehnsucht Reiche, anders die Einfache, die sofort beglückt ist; anders die herzlich Wahrhafte und anders die, deren Sinn auf Treulosigkeit stand; anders die Unterwürfige und die Herrschsüchtige, anders die Streitbare und anders, die sanften Gemütes war.[5]

Die Gleichsetzung von ästhetischer Köstlichkeit und liebender Innigkeit verschleiert nur unzulänglich, wo letztlich einseitiges Erkennen und Besitz das Begehren regeln. Der Mann ist nicht zum Schrei, zum Gesang der Liebe fähig, er herrscht über ihn.

Die Überschwänglichkeit der Schilderung, der Lobpreisung des Ausdrucksreichtums liest sich wie die männliche Utopie einer Lustverfügbarkeit. Allerdings wird in einem doppelten Handlungsumschlag eine Dialektik der Macht und der Hingabe angedeutet. Der erste Ordnungsbruch erfolgt durch die mallorquinische Prinzessin, die zur königlichen Ehefrau bestimmt ist. Pescaro begehrt sie von dem Moment an, als ihm ihr Porträt gezeigt wird. Seine Erklärung: «Diesem Angesicht kann ich den Schrei der Liebe nicht abhorchen und nicht abfragen. [...] Unergründlich sind die Züge dieses Mädchens, und was ihre Seele spricht, rate ich vergebens.»[6] Unverhohlen meldet sich das Machtanliegen. Es ist so stark, dass Pescaro fortan alle anderen Frauen,

---

5   Felix Salten: Der Schrei der Liebe, in: ders.: Der Schrei der Liebe, Berlin, Wien, Leipzig 1928, S. 11–108, hier S. 31–34.
6   Ebd., S. 31.

die ihm durchschaubar und daher langweilig erscheinen, meiden wird. Die Aufklärung des Geheimnisses gerät jedoch zur Niederlage. Die schöne Lianora erweist sich als wenig hingabesüchtig, sie wahrt Contenance, vermag ihren Mund geschlossen zu halten. In der Hochzeitsnacht, die ihrer Krönung vorangeht, verweigert sie den Schrei. Diese *Unerhörtheit* spricht sich herum, und als Lianora mit der Kutsche zum Krönungsort fährt, wird sie vom Volk mit einem «Aufschrei des Entzückens» begrüßt. «Besonders aber waren es die Frauen, die beim Anblick der Königin jauchzten.»[7]

Ein Riss im System der Macht wird spürbar. Der König versteht die «Jubelschreie»; von Sinnen und beschämt muss er erleben, wie seine Frau verehrt wird. Diese Kränkung feuert ihn umso mehr an, den Liebesschrei zu erzwingen. Als er Lianora in der zweiten Nacht «mit erneuter Gewalt» zu nehmen versucht, reißt sie ihn an sich «und er spürte den scharfen Biß ihrer Zähne auf seinem Halse. Mit einem lauten Aufschrei sprang er empor, entsetzt über ein solches Beginnen, das er an den Frauen nicht kannte [...].»[8]

Das ist der erste und letzte Schrei, den ein Mann in der Erzählung ausstößt. Es ist der Beginn einer Ernüchterung und einer Suche, die kein Happy End haben wird: Pescaro lebt fortan mit einem beißenden Wunsch, für den es keine Befriedigung gibt.

Das Störrauschen in der ehemaligen Heilswelt wird am Ende der Erzählung mit einem zweiten Ordnungsbruch verstärkt. Dieser erfolgt durch eine Legendenerzählung, die das Gewaltmoment ungeschönt zutage bringt. Nachdem das Lustschlösschen jahrelang geschlossen war und abgerissen werden sollte, besucht Pescaro es noch einmal. In seiner Erinnerung tönen die Liebesschreie wie «eine brausende Musik».[9] Was bei Hagedorn noch mit «Sie rasen mit entblößter Brust» verharmlost wurde, konnte Salten dem Zeitgeschmack gemäß in expliziter Sprache zum Ausdruck bringen. Allerdings wird die Erinnerung an die unbeschwerte Lust vom alten Schlossverwalter schockartig unterbrochen. Er berichtet, wie sich einst ein Bauernmädchen, offenbar eine Geliebte des Königs, aus Liebesverzweiflung vom Balkon des Schlosses ins Meer stürzte und dabei den «Schrei unserer Urmütter» hören ließ. Sowohl die Bäuerlichkeit der jungen Frau, Ausdruck ihrer Naturnähe, als auch der

---

[7] Ebd., S. 81, 82.
[8] Ebd., S. 91.
[9] Ebd., S. 100.

mythische Hinweis auf die Mutterschaft eröffnet eine gedankliche Sphäre jenseits der Feudalkonventionen. Der Verwalter weiß zu berichten, dass diese Urmütter «Meerfrauen» waren.

›Du mußt wissen, gnädiger Herr›, erzählte Sebastian, ›daß die Frauen unseres Landes anders sind als alle Frauen dieser Welt, denn sie stammen von den furchtbaren Töchtern des Meeres. Meerweiber haben vorzeiten auf unserer Insel gehaust, mit prangenden Leibern und goldenen Fischflossen. Und ihre Stimmen haben süßer geklungen als jeder menschliche Gesang. Weit über die Wellen hin hat der Wind ihre lockenden Lieder getragen. Da sind die Schiffer herangefahren, von so holder Verheißung betört und voll Sehnsucht, eine der Meerestöchter zu gewinnen. Über die landenden Männer aber fielen die Meerweiber dann grausam her, töteten sie mit starken Armen, tranken ihr Blut und ließen ihre Gebeine bleichen im Ufersand. Und es war diese Insel ein Ort der Schrecken, gemieden und verflucht, und rings an den Küsten weinten die Mütter, die Schwestern und die Bräute.›[10]

Die Sirenen, die die Untergangsmelodie der Männer singen, provozieren mit ihrer blutigen Bacchanalie eine Rache- und Strafexpedition. Bewaffnete Männer kehren zurück, sie töten die Meerfrauen oder vergewaltigen sie. Aufgrund der peinvollen Gewaltnahme schreien die wilden Frauen. Der Mythos endet in einer entstellenden Kompromissbildung: Gewalttäter und gewalttätige Vergewaltigte besinnen sich im Geschlechtsakt zur Milde: Die Meerfrauen gebären Kinder, flüchten jedoch ohne sie wieder ins Meer und hinterlassen das neue Geschlecht der Ravellaskaner.

Das Trauma der Gewalt unterliegt dem höfischen Idyll. Die Lustäußerung ist in psychologischer Perspektive die verrätselte Darstellung des Verdrängten, der Brutalität ursprünglicher Kolonialisierung. Die Legende verdeutlicht, dass mit den Vergewaltigungen Landnahme und Kulturvertreibung einhergingen. Das Mischwesen aus Fisch und Frau darf als bewusste Anspielung auf antike Mythen und Märchen verstanden werden. Die homerischen Sirenen werden im Laufe des Mittelalters als Frauen imaginiert, deren untere Hälften aus geschuppten Fischleibern bestehen. Über diesen motivischen Sonderfall hinaus kann die Allusion strukturell interpretiert werden. Klaus Theweleit hat darauf hingewiesen, dass in der griechischen Mythologie der Zusammenhang von Femizid, Traditionsauslöschung und patriarchaler Herrschaftsübernahme

---

[10] Ebd., S. 103.

einen wiederkehrenden Topos bildet.[11] Die Erzählung des Verwalters folgt exakt dieser Struktur. Mit seinem Beitrag tritt auch der Symptomcharakter der Hochzeitsnachtszene deutlich hervor: Die Gewaltanwendung des Königs und die Verweigerung der Stimme sowie der Biss in den Hals durch Lianora werden vor dem Hintergrund der mythischen Erzählung deutbar als privattheatrale Wiederholung des vergessenen Ursprungs Ravellaskas.

Der mythologische Aufschluss des Geheimnisses führt das Motiv der Natur ein, von dem am Anfang der Novelle jede Spur gelöscht erschien. Die Meerfrau als Beherrscherin verführerischer Musik, als Land- und Wasserbewohnerin ist mit angstmachender Leidenschaftlichkeit, Unabhängigkeit und Lustbefähigung begabt.

Warum aber spielt Felix Salten im Jahre 1928 den Mythos gegen das Märchen aus und malt ein realitätsfernes Bild? Die Wirklichkeit hatte längst zu einer Emanzipation geführt: Die Neue Frau bespielt die Bühne der Straße; ihre Mode zeigt gewonnene Freiheiten; die Neue Frau raucht, fährt Auto, macht Sport, ist berufstätig, unverheiratet, zuweilen verwegen, sie singt frivole Chansons. Und die Männer? Die hatten sich im imperialistischen Weltkrieg millionenfach zu Tode gebracht.[12]

Die offensichtliche Gegenweltlichkeit zwischen Männern und Frauen analysiert Klaus Theweleit in seiner umfänglichen Studie *Männerphantasien*, die dem Typus des soldatischen Mannes gewidmet ist. In ihm komprimiert sich eine unheimliche Psychodynamik aus Angst und Destruktionslust. Die Männer sammeln Kampferfahrungen in den Kolonien, gegen aufständische Arbeiter, im Baltikum gegen die Rote Armee und im Ersten Weltkrieg. Sie organisieren sich anschließend in Freikorps, in denen sie die Rolle als Streikbrecher spielen, um schließlich die Avantgarde für den Zweiten Weltkrieg zu bilden. Theweleits Psychogramm dieses in den 1920er-Jahren auffälligen Typus kann schlagwortartig zusammengefasst werden: Beherrscht von Auflösungsangst, Körpergrenzenunsicherheit und Kastrationsfurcht sind die Fantasien der Männer durchsetzt mit Bildern des Flüssigen, Flutenden und Anbrandenden. Wie Theweleit materialreich nachweist, wird die Frau mit diesen entgrenzenden Qualitäten identifiziert. Körperpanzer und Zerstörungs-

---

11   Klaus Theweleit: Buch der Königstöchter. Von Göttermännern und Menschenfrauen, Frankfurt a. M., Basel 2013.
12   Circa 17 Millionen Menschen verloren in vier Jahren ihr Leben.

wut bilden die Abwehrmittel. Den Spezialfall des soldatischen Typus verallgemeinert Theweleit zu einer kulturellen Grundprägung, die sich durch die Menschheitsgeschichte zieht, mehr noch, die ihre Ursprünge in der menschlichen Vorgeschichte hat.[13] Ausführlich referiert er die Wasseraffenhypothese der Anthropologin Elaine Morgan. In *The Descent of Woman*[14] (1972) führt sie vielfältige Belege an, wonach es in der evolutionären Frühgeschichte eine Trockenphase gab, die die Weibchen zwang, ins Meer zu flüchten, um dort Nahrung und Schutz für sich und den Säugling zu finden. Gleichzeitig entwickelte sich der Mann, weiterhin dem Land verpflichtet, zum Jäger. Land und Wasser erzeugten demnach zwei Wesen. Auch wenn nicht nachweisbar ist, dass der anthropologische Befund als Ursprungssetzung für weitläufige Wandlungsprozesse Geltung beanspruchen kann, so vermag er als moderner Mythos, die Fiktionen von Meerjungfrauen, Nixen und Nymphen als symbolische Umdeutungen der anthropologischen Femigonie-Hypothese zu plausibilisieren.

Salten folgt diesem Oppositionsschema, wenn er die Dramatik aus der kriegerischen Auseinandersetzung zwischen tellurischem Mann und aquatischer Frau konstruiert. Entsprechend verwandelt sich Pescaros erinnerndes Wahrnehmen des «Brausens» in ein Unheilszeichen, es wird metonymisch deutbar als herannahender Sturm oder verschlingende Wasserwelle. Salten legt in verstellter Form eine Zeitdiagnose vor, die auf eine weitverbreitete Untergangsangst bei Männern verweist. Die anfängliche Charakterisierung des Märchens als Männerfantasie bezog sich vorrangig auf das implizite Liebeskonzept, das eine idealisierte Frau als willfährige Gefährtin-auf-Zeit, als «Wunschterritorium»[15] entwarf. Im Sinne Theweleits gehört aber auch das mythische Szenario der blutrünstigen Wasserwesen in den Fantasiekomplex. Die Einsperrung der Frau in ein luxuriöses Gefängnis, in einen einfachen Alltag, der aus scheinbar natürlicher Sorglosigkeit besteht, ist die kaum verstellte Dämmungsmaßnahme gegen die Wildheit, gegen die Natur des Wassers.[16]

---

13   Klaus Theweleit: Männerphantasien 1+2 [1977/1978], München, Zürich 2005, S. 297–303.
14   Eine Anspielung auf Charles Darwin: The Descent of Man and Selection in Relation to Sex, 1871.
15   Theweleit: Männerphantasien, S. 304.
16   Es muss Spekulation bleiben, ob Salten seine Anregungen für die Novelle auch aus *Geschlecht und Charakter* (1903) bezogen hat, dem viel gelesenen und einflussreichen Traktat des misogynen und antisemitischen Autors Otto Weininger. Bei Weininger erscheint als

Saltens Entscheidung, seine Geschichte im Kostüm frühneuzeitlicher und urgeschichtlicher Vergangenheit zu erzählen, entspricht der Realitätslockerung während der Fantasietätigkeit. In den Luftgebilden der Imagination verschafft sich die Despotie der Wünsche und Ängste ihr Platzrecht. Im selben Maße jedoch bleiben sie als Reaktionen auf die Wirklichkeit dechiffrierbar. Sowohl das Bild der Insel, ein vom Meer umschlossener Ort, als auch die doppelte Semantik des Schreis aus Lust und Qual zeigen dies an.

Dass der Lustschrei der Frau noch im späten 20. Jahrhundert die männlich Fantasie faszinierte und beunruhigte, ist bei Michel Leiris nachzulesen.

> Von jener, die, glaubt man ihm, wenn der Liebesgenuß sie überwältigte, Tierschreie auszustoßen liebte und die auf mich den Zauber ausübte, den zu einer anderen Zeit eine Mimi oder eine Musette auf mich hätte ausüben können, von ihr hatte mein Freund, der Pseudo-Lord, alias Dianus, Pierre Angelique, Louis Trente und Georges Bataille, durch den der unbegabte Kandidat eines libertären Liebeslebens, der ich war, entdeckt hatte, daß die Erotik ihre metaphysische Seite hat, von ihr hatte er, ohne Zweifel in voller Sachkenntnis, gesagt, daß sie ein ‹kleiner Engel› sei. Es war, Irrtum ausgeschlossen, in einem Unterholz, wo man ganz ungestört hätte blöken, miauen, röhren, hecheln, trompeten können, da mir dies anvertraut wurde, gerade als wir gemeinschaftlich eine Rückkehr zur animalischen Unschuld skizziert hatten.[17]

Engel und Tier – wieder der unauflösliche Gegensatz zwischen zwei Sphären, nun Himmel und Erde. Wie Theweleit geht Leiris zu einem Menschheitsanfang zurück, dorthin, wo der Mensch noch nicht Mensch ist. Der Idee der Transgression verpflichtet, verallgemeinert er den Schrei zum «Ausdruck

---

Negativbild, was bei Salten ins Positiv gesetzt ist: «[...] das ganze Sein des Weibes offenbart sich im Koitus, aufs höchste potenziert. Darum kommen hier auch die Unterschiede zwischen Mutter und Dirne am stärksten zur Geltung. Die Mutter empfindet den Koitus nicht weniger, sondern anders als die Prostituierte. [...] Für die Mutter ist der Koitus der Anfang einer Reihe; die Dirne will in ihm ihr Ende, sie will vergehen in ihm. Der Schrei der Mutter ist darum ein kurzer, mit schnellem Schluß; der der Prostituierten ist langgezogen, denn alles Leben, das sie hat, will sie in diesen Moment konzentriert, zusammengedrängt wissen.» In der gleichen Passage ordnet der Autor die Prostituierte der Natur zu: «Die Dirne will von allem koitiert werden – darum kokettiert sie auch, wenn sie allein ist, und selbst vor leblosen Gegenständen, vor jedem Bach, vor jedem Baum [...].» Otto Weininger: Geschlecht und Charakter, Wien, Leipzig 1905, S. 307.
17 Michel Leiris: Schreie [1988], in: Bernd Mattheus, Cathrin Pichler (Hg.): Über Antonin Artaud, München 2002, S. 83–85, hier: S. 84.

der Verwilderung der Stimme».[18] Wo die Sprache im «ungezügelte Genießen» vergeht, dort trete die Animalität des Menschen hervor.[19] Leiris' Regressionsphantasma zeigt rousseauistische Züge. Auch der Philosoph des 18. Jahrhunderts nimmt in einer ausgearbeiteten Spekulation eine fantastisch-utopische Vergangenheit an, in der sprachlose Menschen durch pure Emotionslaute Gemeinschaft und Liebe zu erzeugen wussten:

> Nicht Hunger noch Durst, sondern die Liebe, der Haß, das Mitleid, der Zorn haben ihnen [den Menschen] die ersten Stimmen abgetrotzt. [...] [U]m ein junges Herz zu rühren, einen ungerechten Angreifer abzuwehren, lehrt die Natur Töne, Schreie und Klagerufe: sie nämlich sind die zuallererst erfundenen Wörter, und dies ist auch der Grund, weshalb die ersten Sprachen singbar und leidenschaftlich waren, bevor sie einfach und methodisch wurden.[20]

Rousseau zufolge kommt es in der weiteren Entwicklung dieser Emotionsgemeinschaft zu einer fatalen Differenzierung: Einerseits sublimiert und erhält sich die ursprüngliche Affektäußerung in der Musik: «Die Melodie ahmt die Modulationen der Stimme nach, sie drückt die Klagen, die Leidens- oder Freudenschreie, die Drohungen und die Seufzer aus; alle stimmlichen Zeichen der Leidenschaft sind ihr zugehörig.»[21] Salten scheint seine Schrei-Ästhetik diesem genetischen Gedanken abgewonnen zu haben – allerdings mit dem Unterschied, dass Rousseau die Perversform des Schreiens bei den Demagogen erkennt, die ihre Weisheit nur brüllend an die Menschen zu bringen vermögen und dabei jedes feinere *sentiment* abtöten.

Die sonderbare Vorstellung, dass in der Vertierung eine Unschuld gefunden werden könne, teilen Rousseau, Leiris und die Adelsmänner in der märchenländischen Idylle Felix Saltens. Der sehnsüchtige und kulturkritische Impetus, wonach die Kinder, die Frauen, die Verrückten und die nicht-eu-

---

18   Michel Leiris: À Cor et à cri, Paris 1988, S. 23. Übersetzung G.S
19   Die These, dass das Genießen außerhalb der Sprache geschehe, mehr noch, dass die Sprache das Genießen unterdrücke, ist in den 1970er-Jahren ein verbreiteter Theorietopos, der von Julia Kristeva, Roland Barthes und Jacques Lacan vertreten wurde. Siehe dazu: Gunnar Schmidt: Sprachlust Sprachschmerz. Fragmente einer Pathologie der Sprache, Wien 2022.
20   Jean-Jacques Rousseau: Versuch über den Ursprung der Sprache, in: ders.: Sozialphilosophische und politische Schriften, Düsseldorf 2001, S. 165–221, hier: S. 171.
21   Ebd., S. 208.

ropäischen Indigenen Zugang zu den vorkulturellen, vorsprachlichen Ausdrucksfreiheiten hätten, ist nicht frei von klischiertem Romantizismus. Der Libertin, der sich ein Engelswesen erdichtet, verleugnet die Macht in der Liebe und spricht sich damit frei von jeglicher Schuld. Zum Schreien ist der Libertin nicht fähig – ihm bleibt nur das Schreiben darüber.[22]

---

[22] Susanne Goumegou berichtet, dass Michel Leiris von sich gesagt habe, außer im Traum und als Kind nie geschrien zu haben: Traum, Tod, Theater. Strategien der Inszenierung in Nuit sans nuit et quelque jours sans jour, in: Irene Albers, Helmut Pfeiffer (Hg.): Michel Leiris. Szenen der Transgression, München 2004, S. 185–207, hier: S. 198.

Angstschrei

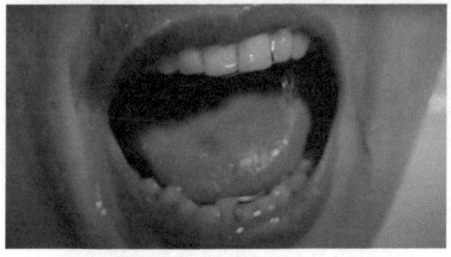

Abb. 22/23: Alfred Hitchcock: *Psycho*, 1960

1960 erscheint Alfred Hitchcocks *Psycho* auf den Kinoleinwänden. Selbst wer den Film nie gesehen hat, kennt die berühmte Duschszene, in der Marion Crane, gespielt von Janet Leigh, vom Psychopathen Norman Bates ermordet wird. Die gewagte Schnitttechnik, die signaturgebende Musik Bernard Hermanns, das Spiel mit der Nacktheit und die Leerstellendramaturgie der Gewalt haben zur Ikonizität der Szene beigetragen.

Janet Leighs Schrei beim Anblick des Mörders, zu dem synchron das kreischende Stakkato der Geigen einsetzt und das eine nervenaufreibende Spannung erzeugt, fängt die Kamera mit obszönem Realismus ein: Der weit aufgerissene Mund zeigt die Frau in fataler Schutzlosigkeit (Abb. 22/23). Das Opfer schreit weiter, während das Messer des Mörders durch die Luft schneidet. Die aus Angst schreiende Frau ist das Gegen- und Ergänzungsbild zum mythischen Lustwesen, wie es im vorangegangenen Kapitel beschrieben wurde.

Hitchcocks Duschszene ist nicht nur ein raffiniertes Beispiel für die Inszenierung des Gewebes aus Bedrohung, Angst, Hilflosigkeit und Entsetzensschrei, in ihm wiederholt sich der Gegensatz von Liebe und Sexus einerseits und Gewalt andererseits. Hitchcocks Figur der Marion Crane ist eine Geliebte, die auf kranke Weise auch vom Psychopathen begehrt wird. Was unter dem

Abb. 24: Alfred Hitchcock: *Psycho*, 1960

Abb. 25: Giovanni Lorenzo Bernini: *Die Verzückung der heiligen Teresa*, 1652

Eindruck der *Suspense*-Ästhetik übersehen werden kann, obwohl es ganz offen zutage liegt, ist die Erregung Cranes. Bevor der Mörder als Schatten hinter dem Duschvorhang erscheint, sehen wir Janet Leigh als Wasserfrau, die geradezu in Verzückung gerät, sobald das Wasser aus dem Duschkopf auf ihren Körper schlägt. Sie gibt sich förmlich hin, wirft den Kopf zurück, windet sich, der Mund geöffnet für das Seufzen und leise Stöhnen (Abb. 24). Wie die Heilige Teresa Giovanni Lorenzo Berninis, die sich von den göttlichen Strahlen berühren und durchdringen lässt und darüber in Ekstase gerät (Abb. 25), so auch die weltliche Marion Crane im Schauer der Wassertropfen. Der Mord an der Frau ist ein Lustmord in doppelter Bedeutung.

Der Schrei, hervorgerufen durch das unsagbar Schreckliche, gehört zum Horrorgenre. Die Filmkultur Hollywoods hat das Klischee der weiblichen Entsetzensclamorösität popularisiert und für die Akteurinnen den ironisierenden Typenbegriff *Scream Queen* gefunden. Die Virtuosinnen des Schreiens lieferten das Inbild der hysterischen, überempfindlichen, opferwilligen und traumatisierten Frau. Motivhistorisch wird die Schreikönigin als moderne Ausprägung der «Verfolgten Unschuld» gedeutet, die vor allem in der romantischen Schauerliteratur prominent auftritt. In Mary Shelleys *Frankenstein* (1818) muss der männliche Held Victor Frankenstein den Todesschrei seiner Geliebten Elizabeth hören, den sie beim Anblick des Monsters ausstößt:

> [...] suddenly I heard a shrill and dreadful scream. It came from the room into which Elizabeth had retired. As I heard it, the whole truth rushed into my mind, my arms dropped, the motion of every muscle and fibre was suspended; I could feel the blood trickling in my veins, and tingling in the extremities of my limbs. This state lasted but for an instant; the scream was repeated, and I rushed into the room.[1]

Die Entgegensetzung von weiblicher Bedrohtheit und tierhaft-männlicher Bedrohung reproduziert vordergründig Geschlechterklischees. Ohne die Geschichte des Motivs *en détail* darzulegen, sind ein frühes und spätes Beispiel anzuführen, die das Muster idealtypisch illustrieren. In *King Kong* von 1933 wird auf schamlose Weise das Gefälle zwischen animalischer Triebhaftigkeit und weiblicher Opferrolle extrem ausgedehnt, wenn der Riesenaffe der gefesselten weißen – und das heißt unschuldigen – Frau gegenübergestellt

---

[1] Mary Shelley: Frankenstein [1818], hg. v. J. Paul Hunter, New York, London 1996, S. 114.

Abb. 26: Merian C. Cooper, Ernest B. Schoedsack: *King Kong*, 1933

Abb. 27: Stanley Kubrick: *The Shining*, 1980

wird. Die Hauptdarstellerin Fay Wray gehört zum festen Personal ikonischer *Scream Queens* (Abb. 26). Ihr nicht abreißendes Erschrecken vor dem brüllenden Menschenaffen artikuliert sie mit wiederholten schrillen Glissandi. Das Gleiche gilt für die Schauspielerin Shelley Duvall, die sich in der Rolle der Wendy Torrance in Stanley Kubricks *The Shining* (1980) in einem Badezimmer einschließt, um sich vor ihrem mordsüchtigen, paranoiden Ehemann in Schutz zu bringen. Der von Jack Nicholson verkörperte Mann versucht, sich mit Axtschlägen gegen die Tür Zugang zur Eingeschlossenen zu verschaffen. Jeder Schlag ins Holz provoziert einen Schrei bei Shelley Duvall (Abb. 27). Die Musik zitiert die Geigen aus *Psycho*, wie auch das räumliche Setting eine Anspielung auf den Hitchcock-Film enthält. Die Überspannung beim Zusammentreffen von überwältigender Monstrosität und sexualisierter viktimisierter Frau, die oft ins Extreme gesteigerten Affektvokalisationen, die fantastischen und zuweilen grotesken Kontexte lassen sich als popkulturelle Leichtsinnigkeiten rezipieren: Intendierte selbstreferenzielle Ironisierung und Camp-Orientierung verstärken den ästhetizistischen Gehalt gegenüber dem Inhalt.[2]

Die pathetische Rücksichtslosigkeit hinterlässt einen ambivalenten Eindruck. Die dezidierte Realismusferne kann einerseits als Lockerung einer Zensur verstanden werden, die auf Vernünftigkeit, Nachvollziehbarkeit und Lebensweltbezug achtet. Die ausgestellte Künstlichkeit provoziert eine Haltung, das Geschmacklose, Affektierte, Absurde und Theatralische zu genießen. Andererseits wird durch die Verkünstlichung des Schreckens der Inhalt entschärft. Von ihm kann man sagen, dass er aus nichts anderem als Szenen der Traumatisierung besteht. Die enorme Popularität der *Scream Queens*, in denen Lächerlichkeit und Horror zusammengebunden sind, deutet auf einen Verarbeitungsmechanismus hin, mit dem das Unbewältigbare bewältigbar erscheint. Der Shock, das Grauen, die verletzende Passivität und die Todesangst haben ihre Entsprechungen in der Wirklichkeit. Gerade das 20. und 21. Jahrhundert liefern genügend Beispiele für traumatisierende Ereignisse.

---

2   Ein Beispiel für ästhetizistische Rezeption und anschließenden Versuch der ästhetisch-musikalischen Kategorisierung des weiblichen Schreis im Horrorfilm findet sich in dem Gespräch zwischen Gertrud Koch, Dietburg Spohr und Gerhard R. Koch: «Ich schreie, also bin ich» – zur Ästhetik des weiblichen Schreis, in: Frauen und Film, 49 (1990), S. 91–102.

Zwei Wirklichkeitskomplexe sollen mit dem filmischen Erscheinungsbild in Relation gebracht werden, weil in ihnen die Aspekte Weiblichkeit und Medienrepräsentanz eng verknüpft sind. Der konstruktive Leitgedanke geht von der Ausdrucksform der Hysterie aus, die von den Schreivirtuosinnen inkorporiert wird.

Das Klischee der überreizten, lauten, ängstlichen und gleichzeitig aggressiven sowie erratischen Frau mag künstlerisch verzerrt sein, es lässt sich gleichwohl eine traurige Korrespondenz in der klinischen Realität um 1900 finden.

Vorläufer der kinemaskopischen Entsetzensfiguren schuf die psychiatrische Schule von Paris unter der Leitung von Jean-Martin Charcot. Bekanntermaßen machte der berühmte Arzt die Patientinnen des *Hôpital de la Salpêtrière*, Zentrum der Hysterieforschung, zu medialen Stars. In öffentlichen Patientenvorstellungen ließ er die Frauen unter Hypnose ihre Passionen aufführen. Im neu angelegten Fotostudio wurden sie fotografiert und die Bil-

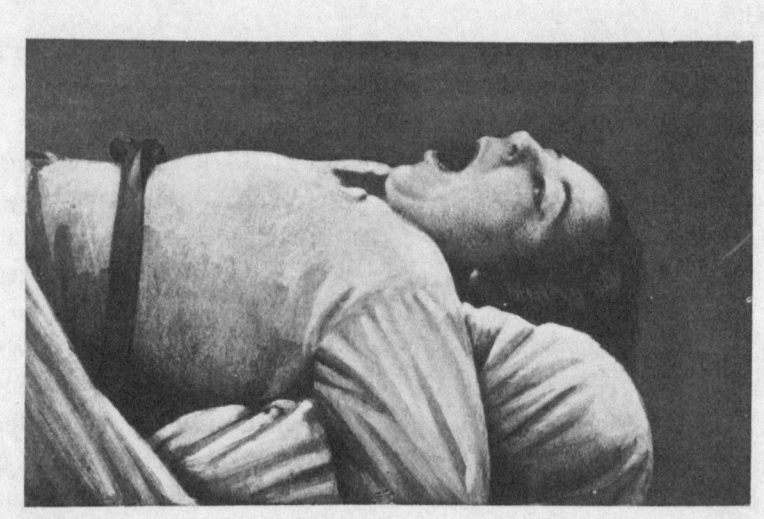

Abb. 28: Paul-Marie-Léon Regnard: *Début de l'Attaque – Cri*, 1878

der in Fotobänden publiziert. Was die Fotografien allein nicht zum Ausdruck bringen, in den Texten allerdings eindringlich zur Sprache gebracht wird, ist die eingehende Beschäftigung mit dem Schrei der Frauen.³ Die psychiatrische Lehre Charcots, die vor allem Heredität als Ursache der Hysterie benennt und in nicht geringem Maße von Misogynie geprägt war, soll hier keine Rolle spielen.⁴ Die Aufmerksamkeit der Männer des Wissens für die passionellen Symptome scheint ihren Grund in einer Beunruhigung zu haben. Eine für die Forscher unverständliche Gegenwelt der freimütigen Schmerzens- und Bedrohungsbekundungen wird in der Klinik zur Bühnenreife gebracht. Die Ähnlichkeit mit der späteren filmischen Fantastik sticht ins Auge: «At this stage of the attack, she is prey to delirium, and raves evidently of the events which seem to have determined her first seizures. She hurls furious invectives against imaginary individuals, crying out, ‹villains ! robbers ! brigands ! fire ! fire ! O, the dogs!›»⁵

Désiré-Magloire Bourneville, Mitarbeiter Charcots und Kommentator der *Iconographie photographique de la Salpêtrière*, notiert ausführlicher die rätselhaften Artikulationen:

[…] sie stößt furchterregende Schreie aus […].
[…] schrieen seltsam und entsetzlich […].
Denn alle Besessenen fingen wieder an zu schreien und zu toben, mit ähnlicher Verzweiflung und sehr seltsamen Krämpfen […].
[…] so wütende Schreie, so entsetzliche Stellungen […].
Die Patientin schreit auf: ‹Aua! Aua!›
Häufig wiederholtes, lang anhaltendes Schreien zu Beginn und während der klonischen Periode; selten fehlt das Schreien […].
Durchdringende, wiederholte Schreie, unkoordinierte Bewegungen der Arme […].
Sie schreit sehr laut […].
Sie stößt kleine Schreie aus, als ob sie gestochen würde.
Schreie, die mit den Schreien von wilden Tieren verglichen werden […].

---

3   Ausführlich dargelegt in: Jennifer Cole: Hysteria. Potential Dramaturgies Toward a Portrait of Ambiguity, Dissertation, University of Toronto, 2016.
4   Sigmund Freud, der 1885 in der Salpêtrière hospitierte und dort die Hypnose erlernte, kritisiert Charcot in seinem Nachruf für den bekannten Psychiater: Sigmund Freud: Charcot [1893], in: ders.: Gesammelte Werke. Bd. 1, Frankfurt a. M. 1999, S. 19–35.
5   Jean Martin Charcot: Clinical lectures on the diseases of the nervous system: delivered at the infirmary of La Saltpêtrière, London 1989, S. 280–281.

M... stößt drei oder vier sehr hohe Schreie aus, die alle dieselbe Tonlage haben. Immer war sie von starken Schmerzen begleitet, die der Kranken Schreie entlockten.[6]

Joseph Breuer und Sigmund Freud nähern sich Jahre später in den *Studien über Hysterie* (1895) der befremdlichen psychischen Wirklichkeit der Frauen mit ihrer proto-psychoanalytischen Theorie der traumatischen Hysterie. Sie forschen nach Ursachen in der Lebenswelt der Frauen. Die visionierten Schreckensbilder sowie die Zustände des Außersichseins, der Lähmung, des Schmerzes und des Entsetzens entstammen Ein-Bildungen aus der Wirklichkeit. Die Patientin Frau Emmy ruft: «Ich habe Angst, solche Angst, ich glaube, ich muss sterben. Wovor sie denn Angst habe, ob vor Dr. N.? Sie wisse es nicht, sie habe nur Angst.»[7] Das Schreien überfällt die Frauen immer dann, wenn traumatische Szenen ins Bewusstsein aufsteigen. Die heftige vokale Reaktion ist nach der Theorie Breuers und Freuds sowohl Abwehr als auch körperliches Erinnern einer Situation des Ausgeliefertseins.

> Im Kleienbad, das sie heute nahm, hat sie mehrmals aufgeschrien, weil sie die Kleie für kleine Würmer hielt. [...] sie mag es nicht gerne erzählen, ist fast ausgelassen heiter, unterbricht sich aber häufig mit Schreien ‹Huh›, Grimassen, die das Entsetzen ausdrücken, zeigt auch mehr Stottern als je in den letzten Tagen. Sie erzählt, dass sie in der Nacht geträumt, sie gehe auf lauter Blutegeln. In der Nacht vorher hatte sie grässliche Träume, musste so viele Todte schmücken und in den Sarg legen, wollte aber nie den Deckel darauf geben.[8]

> Eines der schönsten [Beispiele für hysterische Symptome] ist folgendes, es bezieht sich wiederum auf Frau Cäcilie. Sie lag als 15jähriges Mädchen im Bette, bewacht von ihrer gestrengen Grossmama. Plötzlich schrie das Kind auf, sie hatte einen bohrenden Schmerz in der Stirne zwischen den Augen bekommen, der dann Wochen lange anhielt. Bei der Analyse dieses Schmerzes, der sich nach fast 30 Jahren reproducirte, gab sie an, die Grossmama habe sie so ‹durchdringend› angeschaut, dass ihr der Blick tief in's Gehirn gedrungen wäre.[9]

---

[6] Désiré Magloire Bourneville: Iconographie photographique de la Salpêtrière, Paris 1876. Übersetzung G.S.
[7] Joseph Breuer, Sigmund Freud: Studien über Hysterie, Leipzig 1895, S. 61.
[8] Ebd.
[9] Ebd., S. 158.

Die Untersuchungen Freuds und Breuers deuten ein Frauenschicksal an, das sich auf dem Kampffeld der libidinösen Uneinigkeit bewähren muss. Wiederkehrend ist es der Tod von geliebten Menschen, der einen Riss im Gefühlsleben erzeugt; aber auch sexueller Missbrauch und die für die Epoche typische rollenbedingte Scham oder gar der Ekel vor unliebsamen Wünschen zwingen den Frauen Symptome auf, die sie selbst nicht verstehen.

> Wenn ich einen Menschen in einem Zustande finde, der alle Zeichen eines schmerzhaften Affekts an sich trägt, im Weinen, Schreien, Toben, so liegt mir der Schluß nahe, einen seelischen Vorgang in diesem Menschen zu vermuten, dessen berechtigte Äußerung jene körperlichen Phänomene sind.[10]

Nicht die «verfolgte Unschuld» der romantischen Literaten bildet das Vorbild der *Scream Queens*, es sind die Leidenden in der Salpêtrière und im Behandlungszimmer Freuds. Die Frauen haben es mit realen Bedrängnissen zu tun, derer sie (noch) nicht Herr werden können. Das Foto Augustines (Abb. 28), die gefesselt auf der Liege den Schrei ausstößt, liefert das dramatische Symbol einer Epochenproblematik, aus der zeitgleich der Feminismus entsteht. Es ist eine historische Koinzidenz, dass die spätere Frauenrechtlerin Bertha von Pappenheim als junge Frau in der Behandlung von Josef Breuer war und in den Studien als Anna O. die gebührende Würdigung als Inspiratorin der Psychoanalyse erfuhr. Bertha schreit nicht, sie beginnt zu sprechen.

Einen zweiten Medienstar der traurigen Gestalt bringt der Erste Weltkrieg hervor. Der Große Krieg erweist sich als pathologisierendes Umbildungsprogramm für Zigtausende Männer, die als Psycho-Invaliden vom Kampffeld kommen. Der Lärm des technischen Krieges, die dauernde Todesdrohung, das Schreien der Verletzten und die Unmöglichkeit zu fliehen, verwundet die Seele und erzeugt gravierende Effekte. Trotz körperlicher Unversehrtheit leiden die Krieger unter Schütteltremor, Katalepsie, Erbrechen, Durchfall, hysterischem Lachen, Lähmungen, Stummheit, Taubheit, Blindheit, Stottern, Halluzinationen und nicht zuletzt unter Schrei- und Weinkrämpfen. Die Psychiatrie ist mit einem neuen Krankheitsbild konfrontiert, das unübersehbar der Hysterie ähnelt. Bereits im zweiten Kriegsjahr erscheint eine umfängliche Studie unter dem Titel *Kriegsneurosen und -psychosen auf Grund der gegen-*

---

10 Freud: Charcot, S. 30.

Abb. 29: Otto Dix: *Verwundeter*, 1916

wärtigen Kriegsbeobachtungen. Darin wird der nosologische Begriff *Kriegshysterie* zur Kennzeichnung bestimmter Symptomgruppen gewählt.

Der eine, ein Landwehrmann, der seit einem Jahr einige Anfälle gehabt hatte, kam aus dem Felde zurück. Er hatte halbstündige Anfälle mit Bewußtseinstrübung, Tränenausbruch und Körperkrümmungen. Ein anderer, ein Landsturmmann, der schon während der aktiven Dienstzeit wiederholt an Schwindel und Ohnmachtsanfällen, später auch an Bewußtseinsstörungen mit lautem Schreien und Wutzuständen gelitten hatte, bekam zuletzt bei der Impfung einen Ohnmachtsanfall und im Lazarett verschiedentlich Schreikrämpfe mit plötzlichem Zubodenstürzen und wildem Umsichschlagen.[11]

Die Diagnose war nicht immer frei von Vorurteilen, denn bislang galt die Hysterie als Krankheit der Frauen (griech. *hystéra* (ὑστέρα), «Gebärmutter»). Der Verdacht der Simulation, des Theaterspielens lag nahe, denn Männern traute man konstitutionell nicht zu, einen umschlagartigen Prozess der Verweibli-

---

11 Karl Birnbaum: Kriegsneurosen und -psychosen auf Grund der gegenwärtigen Kriegsbeobachtungen, Berlin 1915, S. 38.

chung zu durchlaufen.¹² Gerade in Kriegszeiten waren Härte und Panzerung Bedingungen der Wehrhaftigkeit.

Die aufsehenerregende Symptomatik führte dazu, dass das absonderliche Verhalten der Traumatisierten fotografiert, gefilmt[13] und gemalt wurde (Abb. 29). Aber auch die Literatur nahm das Motiv des hysterischen Mannes auf – in Lyrik (Wilfred Owen, Ivor Gurney, Siegfried Sassoon) und Prosa (Virginia Woolf, Ernest Hemingway). Erich Maria Remarque beschreibt in *Der Weg zurück* (1931) die Heimkehr deutscher Soldaten in das Zivilleben nach dem Ende des Ersten Weltkrieges. Darin schildert er den Traum einer Figur, in dem sich Erlebtes und Traumareaktion ununterscheidbar vermischen.

> Der Tote steht jetzt, er bleckt die Zähne, ich werfe die nächste Handgranate – auch sie versagt –, jetzt macht der drüben schon ein paar Schritte, auf seinen Stümpfen läuft er, grinsend, die Arme nach mir ausgestreckt – ich werfe die letzte Handgranate – sie fliegt ihm gegen die Brust, er wischt sie fort – da springe ich auf, um wegzurennen, aber die Knie versagen mir, sie sind weich wie Butter, unendlich langsam ziehe ich sie vorwärts, ich klebe am Boden fest, ich zerre, ich werfe mich: vorwärts, schon höre ich das Keuchen des Verfolgers, ich reiße mit den Fäusten an meinen nachgebenden Beinen – aber von hinten schließen sich zwei Hände um meinen Nacken, drücken mich zurück, auf den Boden, der Tote kniet auf meiner Brust, er greift die nachschleifenden Wickelgamaschen aus dem Gras und dreht sie mir um den Hals. Ich drücke den Kopf weg, ich spanne alle Muskeln an, ich werfe mich nach rechts, um der Schlinge zu entgehen – da, ein Ruck, ein erstickender Schmerz im Hals, der Tote schleift mich vorwärts, dem Abhang der Kalkgrube zu, er wälzt mich hinunter, ich verliere das Gleichgewicht und versuche mich festzuhalten, ich rutsche, falle, schreie, falle endlos, schreie, schlage auf, schreie ... Dunkel bricht in Klumpen unter meinen krallenden Händen, krachend poltert etwas neben mir herunter, ich pralle gegen Steine, Ecken, Eisen, hemmungslos rast das Schreien aus mir heraus, jäh, gellend, ich kann nicht aufhören, Rufe dazwischen, Griffe nach meinen Armen, ich stoße sie weg, jemand stolpert über mich, ich erwische ein Gewehr, ertaste eine Deckung, reiße es an die Schulter, drücke ab, immer noch schreiend, dann zuckt es wie ein Messer durch den Knäuel [...] ich springe auf, da kommt Hilfe, ich muß mich durchschlagen, ich reiße

---

12 Paul Lerner: «Nieder mit der traumatischen Neurose, hoch die Hysterie». Zum Niedergang und Fall des Hermann Oppenheim (1889–1919), in: Psychotherapie, 2. Jahrg. 1997, Bd. 2, Heft 1, S. 16–22.
13 Julia Barbara Köhne: Behandlung im Schatten des Krieges. Militärpsychiatrie und Kinematographie, in: Renate Goldmann, Erhard Knauer, Eusebius Wirdeier (Hg.): Moderne Weltkrieg Irrenhaus 1900–1930, Essen 2014, S. 69–77.

mich los, renne, bekomme einen Hieb gegen das Knie, stürze in eine weiche Grube, in Licht, grelles, zuckendes Licht — ‹Birkholz› — ‹Birkholz› — nur noch mein Schreien ist spitz im Raum — plötzlich bricht es ab ...[14]

Traum, Wirklichkeit oder ein Horrorfilm? Was früher Kriegsneurose genannt wurde, heißt heute *post-traumatic stress disorder* (PTSD). Die späteren Kriege haben weitere Armeen aus Seelenverwundeten hervorgebracht. Das Töten und Vergewaltigen haben nicht aufgehört. Die Schreie im Horrorfilm sollen erregen und gleichzeitig das Publikum beruhigen, weil alles darin im Hinblick auf Unwahrscheinlichkeit inszeniert ist. Die Entstellung jedoch ist verräterisch: Die *Scream Queens* sind als medienhysterische Symptome aufzufassen, in denen sich die kulturell verbreitete Angst vor Verletzung und die Abwehr dieser Angst verdichten.

---

[14] Erich Maria Remarque: Der Weg zurück [1931], Köln 1975, S. 139.

Kriegsgeschrei

Der Signifikant *Kriegsgeschrei* ist semantisch dreifach besetzt. In metaphorischer Verwendung werden damit öffentliche Bekundungen bezeichnet, die Propaganda für Bewaffnung und Kriegseinsätze betreiben. Das Wort wird durchgängig als kritische Metapher von den Gegnern der Bellizisten verwendet. In Zeiten politischer Konflikte bestimmen häufig Emotionalisierungs- und Schlagwortrhetorik die Öffentlichkeit, was zu Aufheizungen bis zur Hysterisierung der Stimmung führt. Die verächtliche Markierung der medial verstärkten Kriegsaufrufe als Geschrei gehört allerdings selbst in den Bereich der sinnbildlichen Lautverstärkungen.

Für die Metapher lässt sich ein Ursprung angeben, wo das Wort *Kriegsgeschrei* eine wörtliche Bedeutung und einen Gegensinn zum modernen Dysphemismus trägt. Sichtbar und doch kaum mehr wahrgenommen spielt es eine politische Rolle in der Heraldik. Mit *Kriegsgeschrei*, *Feldgeschrei*, *Schlachtruf* oder *Panier* bezeichnet man Devisen bzw. Losungen, die als Spruchband auf Wappenschildern erscheinen.[1] Die Ausrufe gehen auf tatsächliche Erkennungsrufe im Krieg zurück, mit denen sich die Soldaten vor Einführung der Uniformen verständigten, um die Zugehörigkeit zu ihrer Armee zu sichern.[2] Die ikonografische Verdinglichung und mehr noch die Rufpraxis waren Mittel, um Gruppenidentität herzustellen. *Kriegsgeschrei* als Begriff dient im ersten Fall dem Ausdruck von Kriegsverachtung, im zweiten Fall als Praxis der Kriegsertüchtigung.

In beiden Semantiken ist das Geschrei an Sprache geknüpft. In der dritten Bedeutung verliert das Wort diese Bindung und es überwiegen Konnotatio-

---

[1] https://www.heraldik-wiki.de/wiki/Kriegsgeschrei (letzter Abruf 23.04.2024).
[2] Pierer's Universal-Lexikon, Band 6. Altenburg 1858, S. 170; online: http://www.zeno.org/nid/20009912045 (letzter Abruf 23.04.2024).

Abb. 30: Jean Fouquet: *Der Fall Jerichos*, spätes 15. Jhdt.

nen des Lärmens, Gejohles und Getöses. Sprache wird *noise*. Was aber bleibt, ist die alte Bedeutung des Vokalen im aktualen Kampfgeschehen.

Seit Erfindung der Fernwaffen hat der Schrei seine Funktion als Kommunikationsmittel in der Kriegsführung verloren. Im Gegenteil, die Lautlosigkeit und Unsichtbarkeit sind zu überlebenswichtigen Qualitäten auf einem total überwachten Kampffeld geworden. In älterer Zeit hingegen übernahm die Stimme eine wichtige Funktion als psychologisches Kampfmittel.

Ein Beispiel für den Schrei-Einsatz einschließlich grausamster Konsequenzen findet man im Alten Testament, wo Gott das Kriegsgeschrei den israelitischen Kriegern befiehlt, die auf ihrem Eroberungsfeldzug das Gelobte Land besetzen wollen. Im Buch Josua werden die Umzingelung und die Einnahme Jerichos als kampfmusikalisches Spektakel beschrieben. Zu dem von

Gott vorgeschriebenen Ritus aus tagelangem Umkreisen der Stadt, dem Blasen von Widderhörnern und dem Paradieren von Priestern, Kriegern und Volk gehört auch die Einübung des Geschreis, das den Kanaanitern ihr Unheil ankündigen soll (Abb. 30): «Wenn das Widderhorn geblasen wird und ihr den Hörnerschall hört, soll das ganze Volk in lautes Kriegsgeschrei ausbrechen. Darauf wird die Mauer der Stadt in sich zusammenstürzen; dann soll das Volk hinübersteigen, jeder an der nächstbesten Stelle.»[3] Nach Absolvierung des Ritus erteilt Josua den Befehl zum Angriff auf die Stadt:

> Darauf erhob das Volk das Kriegsgeschrei und die Widderhörner wurden geblasen. Als das Volk den Hörnerschall hörte, brach es in lautes Kriegsgeschrei aus. Die Stadtmauer stürzte in sich zusammen, und das Volk stieg in die Stadt hinein, jeder an der nächstbesten Stelle. So eroberten sie die Stadt. Mit scharfem Schwert weihten sie alles, was in der Stadt war, dem Untergang, Männer und Frauen, Kinder und Greise, Rinder, Schafe und Esel.[4]

Wie die Opfer das Geschehen erlebten, wird vom Bibeltext nicht mitgeteilt. Das angedeutete Massaker an den Bewohnern Jerichos lässt keinen Zweifel, dass Erschrecken, Einschüchterung und in Folge Kampflähmung und Tod beim erklärten Feind bewirkt werden sollten. Der Wahrheitskern des biblischen Textes muss Spekulation bleiben.[5] Der antike Militärautor Frontinus schildert in *Kriegslisten und kriegswissenschaftliche Anekdoten* (1. Jh.) eine ähnliche mythologische Begebenheit, die analoge Züge zur Josua-Legende aufweist:

> Als Pericles, der Athenienser Feldherr eine Stadt belagerte, deren Sicherheit vorzüglich in der vereinigten Hülfe ihrer Vertheidiger bestand: so ließ er bey der Nacht von der Meer-Seite her gegen die Mauern Lärm blasen und ein Geschrey erheben. Die

---

3 Jos 6,5.
4 Jos 20–21.
5 Ohne nähere Erörterung der klangpsychologischen Kriegsführung verfolgt Abraham Malamat die These, dass die biblische Schilderung der Belagerung Jerichos zeitgenössischen Kriegstaktiken entspricht: Early Israelite Warfare and the Conquest of Canaan. The Fourth Sacks Lecture, Oxford Centre for Postgraduate Hebrew Studies, Oxford 1978.

Feinde, in der Meynung, ihre Stadt sey dort erstiegen worden, verließen die Thore, durch welche nun Pericles, so bald sie ohne Wache waren, eindrang.[6]

An anderen Stellen vertieft der Autor die psychologische Wirkung des Geschreis: Die Pferde des Feindes werden durch den Lärm scheu gemacht; durch Einbeziehung des nicht-soldatischen Personals in den Schreichor wird die Größe des Heeres vorgetäuscht und Ehrfurcht erzeugt; das Schreien in der Nacht lässt die Gegner nicht schlafen, sodass sie am Tage unausgeruht und geschwächt in den Kampf gehen.[7] Die Spuren der frühen Brüllheere führen auch zu Polyainos, der einen Fall akustischer Erweiterung der Realität in seinen *Kriegslisten* (2. Jh.) referiert. Dieser Autor greift ebenfalls auf die Mythologie zurück, wenn er Dionysos als Feldherren des Pan vorstellt. Polyainos' Wiedererzählung verfolgt nicht das Ziel, erregende Unterhaltungsliteratur zu produzieren, vielmehr soll die Erzählung als Handlungsanweisung für den Krieg dienen.

> Aber er [Pan] war es auch, der zuerst den Feinden durch kluge List Schrecken einflößte. Nämlich Dionysos war in einer Waldschlucht; die Späher meldeten, eine unzählige Schaar Feinde lagern jenseits. Es erschrak Dionysos, doch nicht Pan, sondern er hieß in der Nacht das Heer des Dionysos auf ein gegebenes Zeichen ein gewaltiges Kriegsgeschrei erheben. So geschah es; da hallten die Felsen wieder, und die Wölbung der Schlucht bewirkte, daß die Feinde das Geschrei wie von einer viel größeren Kriegsmacht vernahmen. Voll Bestürzung flohen sie.[8]

Die Ästhetik des Schreckens durch Krachmacherei hat eine lange Geschichte und findet ihre früheste Darlegung in Sunzis *Die Kunst des Krieges*, das circa 500 v. Chr. verfasst wurde. Gleichwie die antiken Kriegsstrategen bedient sich auch der chinesische Autor der Erzählung, um kriegspädagogisch zu wirken:

> Ban Chao befahl zehn Männern seiner Gruppe, Trommeln zu nehmen und sich hinter den Baracken des Feindes zu verstecken; sobald sie die Flammen aufschießen sahen, sollten sie zu trommeln beginnen und mit aller Kraft schreien. Der Rest seiner Männer, bewaffnet mit Bögen und Armbrüsten, bezog im Hinterhalt am Tor des

---

6 Sextus Iulius Frontinus: Kriegslisten und kriegswissenschaftliche Anekdoten von berühmten Feldherren: Von Griechen und Römern [1. Jh.], Gotha 1792, S. 185.
7 Ebd., S. 95, 104, 145.
8 Macedo Polyaenus: Polyäns Kriegslisten 1 [ca. 2. Jh], Stuttgart 1833, S. 15–16.

Lagers Stellung. Dann setzte er das Lager auf der Windseite in Brand, worauf sich vor und hinter dem Feind ein ohrenbetäubender Lärm von Trommeln und Schreien erhob; die Feinde stürmten Hals über Kopf in schrecklicher Unordnung heraus.[9]

Die Affektion des Eingeschüchtertseins und der Angst beim Feind entspricht aufseiten der Schreier einer Selbstermutigung. Die chorische Selbstanfeuerung vereinigt die Humanatome zu einem großen Lautkörper. Krach ist Macht. Lew Tolstois widmet in *Krieg und Frieden* (1868/69) dieser doppelten Wirkung des kollektiven Schreis eine Darstellung: Die russische Armee steht der französischen in einiger Entfernung gegenüber. Eine der Figuren, Nikolai Rostow, reitet nächtens an der Linie der Vorposten entlang und kämpft mit der Müdigkeit. In einem Moment fällt sein Kopf auf den Hals des Pferdes, er wird von einem kurzen Schlaf überwältigt – dann das plötzliche Gefühl, es würde auf ihn geschossen.

Und im selben Augenblick, als er die Augen öffnete, hörte Rostow vor sich, dort, wo der Feind war, die langgezogenen Schreie von Tausenden von Stimmen. Sein Pferd und das des Husaren, der neben ihm stand, spitzten die Ohren bei diesem Geschrei. An der Stelle, von wo das Geschrei zu hören war, flammte plötzlich ein Licht auf und erlosch wieder, dann ein zweites, und entlang der ganzen Linie der französischen Truppen auf dem Berg brannten Lichter an, und das Geschrei wurde stärker und immer lauter. Rostow hörte die Laute von französischen Wörtern, konnte aber nicht draus schlau werden. Viel zu viele Stimmen dröhnten da. Man hörte nur: aaaaa! und rrrr! […] Auch Rostows Pferd wurde unruhig, schlug mit dem Huf auf die gefrorene Erde, während es auf die Geräusche und die Lichter lauschte. Das Stimmengeschrei verstärkte sich immer mehr und verschmolz zu einem einzigen Getöse, wie es nur eine Armee von einigen Tausend Mann veranstalten konnte. Die Lichter breiteten sich immer weiter aus, vermutlich entlang der Linie des französischen Lagers. Rostow war jetzt nicht mehr schläfrig. Die fröhlichen, sieghaften Schreie in der feindlichen Armee wirkten aufrüttelnd auf ihn […].[10]

Was war geschehen? Die französischen Soldaten stimmen das Geschrei an, nachdem der Tagesbefehl in Gegenwart des Kaisers verlesen worden war. Das Wort des Militärführers, in dem das Vorgehen in der Schlacht und der Sieg vorgeschrieben werden, liest sich wie die säkulare Version des Gottesbefehls

---

9   Sunzi: Die Kunst des Krieges [c. 500 v. Chr.], München 1999, S. 144.
10 Lew Tolstoi: Krieg und Frieden, Erster Band, übers. v. Barbara Conrad, München 2023, S. 466–467.

im Buch Josua. Enthusiasmus und das Gefühl, für die gerechte Sache einzustehen, erzeugen das beseelte Getöse. Rostow und sein Pferd reagieren mit Unruhe, Anspannung und Gewarntsein. Tolstoi stellt die Masse der Stimmen dem Einzelsubjekt gegenüber, das sich als wehrlos und gefährdet erleben muss.

Das Beispiel in Tolstois Roman fügt sich in die Tradition der militärtheoretischen Anekdoten, zeigt aber auch eine bemerkenswerte Differenz. Die zitierte Szene spielt im Moment der Vorbereitung auf den Kampf; das siegesgewisse Kriegsgeschrei als Einschüchterungsmaßnahme auf dem Schlachtfeld kommt im Roman nicht vor. Wann immer Tolstoi das Schreien an der Front beschreibt, ist es eines aus Verzweiflung; nur einmal ertönt das Triumphgeschrei. Dass es das Getöse, mit dem ganze Truppeneinheiten in Angst und Schrecken versetzt und in die Flucht geschlagen werden, bei Tolstoi nicht gibt, liegt vermutlich an der technischen Rationalisierung des Krieges, in dem schon Artillerie zum Einsatz kommt. Carl Philipp Gottlieb von Clausewitz, preußischer Generalmajor, Heeresreformer und Militärwissenschaftler, nahm an den Napoleonischen Kriegen teil, unter anderem ab 1812 in der russischen Armee an allen wichtigen Schlachten. In seinem theoretischen Hauptwerk *Vom Kriege* (1832–1834) gibt es keine Ausführungen zum Kriegsgeschrei – Ausdruck des Bedeutungsverlusts der Stimmengewalt. Bereits 300 Jahre zuvor diskutiert Niccolò Machiavelli die Vor- und Nachteile des Kriegsgeschreis in seiner Abhandlung *Die Kriegskunst* (1521) und findet zu einem eindeutigen Urteil.

> Die Meinungen der alten Feldherrn sind darüber getheilt, ob man mit Geschrei und beschleunigtem Schritt auf den Feind fallen, oder ihm schweigend und langsam entgegen gehen soll. Die lezte Art hat den Vorzug, daß man geschlossener marschiren kann, und die Befehle des Feldherrn besser hört. Durch die erste wird der Muth der Soldaten mehr entflammt. Da mir nun beide Dinge Rücksicht zu verdienen scheinen, so habe ich die einen mit Geschrei, die andern schweigend vorrücken lassen. Es scheint mir durchaus nicht, daß anhaltendes Geschrei gut sei, weil es die Befehle zu hören verhindert, eine Sache, die sehr verderblich werden kann. Es scheint mir auch vernünftigerweise nicht möglich, anzunehmen, daß die Römer nach dem ersten Anfall das Getöse fortgesetzt haben sollten; denn in ihrer Geschichte kömmt häufig vor, daß Worte und Ermahnungen ihres Feldherrn die Fliehenden wieder zum Stehen brachte, oder daß auf das Commando die Schlachtordnung auf verschiedene Weise

geändert wurde; was nicht hätte geschehen können, wenn das Geschrei des Heeres die Stimme des Feldherrn übertönt hätte.[11]

Der Hinweis auf die «alten Feldherren» und «Römer» dürfte sich auf die Schrift des Frontinus beziehen, die im 15. Jahrhundert von italienischen Humanisten entdeckt worden war.[12] Der Enthusiasmus und die Enthemmung der Handlungen im Kampf erscheinen bereits in der Renaissance kontraproduktiv im Hinblick auf die Unvorhersehbarkeiten auf dem Feld sowie auf die daraus resultierenden unmittelbaren Neuorientierungen, die zu befehlen sind. Die massenpsychologische Eigengesetzlichkeit verhindert Nüchternheit, Voraussetzung für situative Entscheidungsänderungen. Die Vorteile der Versachlichung des Krieges konnten zu Zeiten Machiavellis auch im Ernstfall studiert werden. Zeitgleich mit dem Erscheinen von Machiavellis *Die Kriegskunst* sind spanische Konquistadoren damit befasst, das Aztekenreich zu unterwerfen. Tzvetan Todorov hat die Diskrepanz zwischen den Kommunikationsstilen der Eroberer und Azteken untersucht und die Überlegenheit der Spanier auf ihre Fähigkeit zu tödlichem Verstehen zurückgeführt. Die Ungleichzeitigkeit in der kulturellen Begegnung hatte Konsequenzen auf dem Schlachtfeld:

> Neben den Botschaften [der Azteken], die beabsichtigt sind, aber nicht das vermitteln, was ihren Urhebern lieb gewesen wäre, gibt es auch solche, die zwar unbeabsichtigt, in ihren Auswirkungen jedoch nicht minder unglücklich sind: Sie ergeben sich aus einer gewissen Unfähigkeit der Azteken, die Wahrheit zu verheimlichen. Das Kriegsgeschrei, das die Indianer stets anstimmen, wenn sie in die Schlacht ziehen und das den Feind erschrecken soll, verrät in Wirklichkeit ihre Gegenwart und erlaubt den Spaniern eine bessere Orientierung.[13]

---

11 Niccolò Machiavelli: Die Kriegskunst [1521], übersetzt v. Johann Ziegler, Karlsruhe 1833, S. 100.
12 Ausführlich dazu Oliver Stoll: «Schlachtengewitter»: Kriegs- und Schlachtenlärm in der griechisch-römischen Antike. Eine Skizze zum Beitrag der antiken Militärgeschichte zur «Sensory History», in: Frankfurter elektronische Rundschau zur Altertumskunde 45 (2021), S. 46–70, https://www.fera-journal.eu/index.php/ojs-fera/article/view/311/274 (letzter Abruf 23.04.2024).
13 Tzvetan Todorov: Die Eroberung Amerikas. Das Problem des Anderen, Frankfurt a. M. 1985, S. 110.

Kann aus der offensichtlichen Obsoleszenz der clamorösen Kriegsführung geschlossen werden, dass diese lediglich historisches Interesse ohne Aktualitätsbezug beanspruchen kann? Der archaische *homo bellum* hat seinen Rückzugsort im Zivilstand gefunden, wo er akzeptierte Formen des Kriegspielens ausüben darf. Die gesetzlich gesicherte Freiheit der Meinungsäußerung wird nicht immer im Stil des vernünftigen Argumentierens realisiert. Treffen bei Demonstrationen gegnerische Meinungsparteien aufeinander, so wird in der Regel gebrüllt und gekreischt, um das inhaltliche Anliegen der jeweils anderen zum Verstummen zu bringen. Die *phônê* als Werkzeug der Machterzeugung auf der einen und Entmachtung auf der anderen Seite wird in solchen Situationen zur anschaulichen Inszenierung. Kein Wunder, dass in der Regel Megafone und Lautsprecher auf Begleitfahrzeugen zum Einsatz kommen, um einen akustischen Vorteil zu erringen. Aus dem Kalkül der Propaganda für die eigene Sache und Verachtung für die andere entwickelt sich eine Unkultur des Immer-Lauter:

> In den siebziger Jahren etablierte die Demoskopin Elisabeth Noelle-Neumann die Theorie, aus Furcht vor sozialer Isolierung scheue eine Mehrheit davor zurück, öffentlich ihre Meinung zu äußern. Je größer der Gegensatz zum Mainstream der Meinungen, desto schneller drehe sich die ‹Schweigespirale›. Wenn das je stimmte, so hat es sich nun umgekehrt. Der Publizist Sascha Lobo jedenfalls sieht eine ‹Schreispirale› am Werk.[14]

Die Sorge, dass eine Erosion bürgerlicher Öffentlichkeit stattfindet, ist nicht unbegründet. Ob allerdings für die Zukunft Formen des clamorösen Bürgerkriegs zu befürchten sind, erscheint angesichts der Punktualität der Phänomene (vorerst?) übertrieben.

In einer ganz anderen Sphäre, wo die schreiende Entäußerung das Sprechen verdrängt, zeigt sich der kriegerische Ursprung nicht weniger eindrucksvoll, zuweilen sogar noch überwältigender als auf der Straße. Es gehört zu den Sonderbarkeiten der Riten in der Sportarena, dass sie im selben Maße die Hegung und die Evokation von Affektaußerordentlichkeit betreiben. Vor allem das Fußballstadion als Ort der gespielten Gegnerschaft, des Sieges und der Niederlage wird unter der Perspektive der *longue durée* als symbolische

---

14 Arno Frank: Weil … fuck you!, in: taz.am Wochenende, 20.2.2016, in: www.taz.de (letzter Abruf 23.04.2024).

Form lesbar. Was von den Mitgliedern der teilweise historisch verwurzelten Fankulturen aufgeführt wird, sind Parodien des Krieges. Allerdings erfolgt die Rollenverteilung anders als im Realkrieg. Die gegeneinander kämpfenden Mannschaften sind einem strengen Regelwerk unterworfen. Jede ungebührliche Schreierei führt zum Platzverweis. Auch wenn sportliche Kampfleidenschaft erwartet wird, so befindet sich vor allem das Publikum in der Rolle des Passionserzeugers. Ihr vorrangiges Medium ist der kollektive Schrei, mit dem die eigene Mannschaft ermutigt, die andere beleidigt und eingeschüchtert wird. Oft ist vom zwölften Mann die Rede, der in brenzligen Situationen über Sieg und Niederlage entscheiden kann. Es ist mehr als ein Diskursklischee, wenn von der «Wand» die Rede ist, gegen die man als Gastmannschaft anzuspielen hat. Über ein Spiel des FC Bayern in Istanbul weiß ein Sportjournalist Erstaunliches zu berichten:

> Der Schiedsrichter startet die Partie mit einem Pfiff, die 50.000 Menschen im Stadion starten sie mit einem Schrei. […] Doch die Menschen im Stadion spüren schnell, dass ihre Mannschaft an diesem Abend alles andere als unterlegen ist, dass sie den deutschen Meister mit schnellem Spiel überrumpeln kann. Also schreien sie wieder. Und wenn sie sehen, dass ihre Mannschaft in manchen Momenten mal nicht an den Ball kommt, dann pfeifen sie und steigern sich selbst dann noch, als man schon denkt, dass sie sich nicht mehr steigern können. Doch sie können. Und in der 28. Minute schreien sie noch ein bisschen lauter und noch ein bisschen länger.[15]

Jeder Stadionbesuch ist Affekttraining. Die Begrenzung durch Raum und Zeit erlaubt es, eine leidenschaftliche Subjektivität hervorzubringen und diese zu genießen. Der archaische Kampfmensch wird wiederbelebt, um Befreiung, Triumph, Zorn und Verachtung in der brüllenden Verausgabung zu erleben. Einen gewissen Ruhm erlangte das Stadion des englischen Fußballvereins FC Millwall. Entgegen der gültigen Verhaltensnorm, auch Leistungen der gegnerischen Mannschaften mit Applaus zu würdigen, verschoben die Fans das Muster in Richtung partisanenhafter Parteilichkeit. Legendär wurde der *Millwall Roar* des Fankollektivs, ein langgezogener, scheinbar nicht abbrechender bedrohlicher Schrei, der verunsichernd und überwältigend auf die Spieler ein-

---

15 Christoph Meltzer: Wie der FC Bayern in Istanbul für Stille sorgt (24.10.2023), in: www.faz.net (letzter Abruf 23.04.2024).

wirken konnte.¹⁶ Das oben verwendete Konzept des Symbolraums zur Charakterisierung des Stadions kann unter diesem Blickwinkel nicht im gewöhnlichen Sinne als Verdinglichung von zuvor unverstandenen Sozialtatsachen, Emotionen und Bedeutungen definiert werden. Clifford Geertz hat in seiner Analyse des balinesischen Hahnenkampfs die Momentevokationen während des emotionalen Beteiligtseins als eine Form kunsthafter Subjektivitätserzeugung gedeutet:

> Indem er [der Balinese] einem Kampf nach dem anderen zuschaut [...], wird er mit dem Kampf und dem, was er aussagt, vertraut, gerade so, wie jemand, der mit Aufmerksamkeit ein Streichquartett hört oder völlig gefesselt ein Stillleben betrachtet, mit der Zeit eine gewisse Vertrautheit damit gewinnt und sich dadurch einen Zugang zu seiner Subjektivität eröffnet. [...] Da diese Subjektivität nicht eigentlich existiert, bevor sie organisiert wird, erschaffen und erhalten Kunstformen genau diese Subjektivität, die sie vermeintlich nur entfalten. Streichquartette, Stillleben und Hahnenkämpfe sind nicht einfach Widerschein einer vorweg existierenden Empfindung, die analog wiedergegeben wird; sie sind für die Hervorbringung und Erhaltung solcher Empfindungen konstitutiv.¹⁷

Die kulturanalytische These unterschlägt, dass die Erhaltung der Empfindungen im Falle der Fankulturen offen für Pathologien ist. In extremen Fällen gelingt den Passionierten nicht mehr die Unterscheidung zwischen dem geregelten Innenraum und dem Außenraum der Arena. Der Krieg wechselt vom symbolischen *enactment* zur tatsächlichen Handgreiflichkeit: Die Hooligan-Meute, meist junge Männer im wehrfähigen Alter, geht auf Jagd nach Fans der Gegnermannschaft. Die Grenze zwischen Kunst und Unzivilisiertheit ist nicht immer gesichert.

---

16   Günther Ortmann: Fussball Blues, Hamburg 2021, S. 20–21; https://en.wikipedia.org/wiki/The_Old_Den#The_Millwall_Roar (letzter Abruf 23.04.2024); ein Hörbeispiel unter: https://www.youtube.com/watch?v=hdRrmH0d-JY&t=21s (letzter Abruf 23.04.2024).
17   Clifford Geertz: «Deep Play»: Betrachtungen zum balinesischen Hahnenkampf. in: ders.: Dichte Beschreibung, Frankfurt a. M. 1991, S. 202–260, hier: S. 256–257.

Notschrei

Die Dichte im Schreien, Kreischen und Brüllen tendiert dazu, Störungen zu verursachen, Aufruhr und Ermächtigung zu bewirken oder egozentrische Expressivität zu befördern. Wo das Rauschen der Stimme herrscht, die nichts mehr sagt, dort schlägt die Stunde der Einsamkeit, der Hilflosigkeit, der Traurigkeit.

Michel Serres war ein Denker mit begabtem Hörsinn, der den Raum der Kommunikation als erfüllt mit Rauschen betrachtete. Kommunikation verstand er als eine Koalition der Kommunizierenden, die damit befasst sind, einen Dritten, jedwedes Störrauschen auszuschließen. Wer kommuniziert, muss jedes intervenierende Geräusch ausblenden oder über Filter verfügen, um darin die Information zu erkennen, die für verwertbar erachtet wird, die überrascht oder das Neue ankündigt.[1] Das Rauschen ist ambivalent – produktiv und destruktiv. Eine Welt der Stille wäre arm, entwicklungsunfähig.

Was aber, wenn beide Umgangsweisen versagen, wenn das Grollen und Krachen in der Ferne nahekommt, wenn das Gespräch am Nachbartisch alles übertönt und zum unerträglichen Ärgernis wird?

> Vielleicht ist es der Himmel, der mir da auf den Kopf fällt, ein Donner, ein Vulkan, ein Erdbeben, eine seidige Überschwemmung oder das Brausen eines Tsunami. Ich fliehe. Vielleicht ist es der andere, der brüllt. Ich habe Angst. Ich habe Angst vor dem Schrei, vor dem Geheul, vor diesem Stentor, der den Blitz Gottes schleudert. Also fliehe ich. Die Nachtigall hat Angst vor der Nachtigall, die singt und damit ihren Machtbereich abgrenzt. Die Melodie, die uns entzückt, ist für sie, so muß man jedenfalls annehmen, ein unerträgliches Kreischen. Der Lärm trennt uns, er vereinzelt uns, geradeso, wie der Schrecken uns zerstreut. Die dicke Mauer, die zwischen uns steht, ist aus Lärm und Kakophonie errichtet.[2]

---

1 Michel Serres: Hermes I. Kommunikation, Berlin 1991, S. 50–55.
2 Michel Serres: Der Parasit, Frankfurt a. M. 1984, S. 191.

Serres beschreibt Situationen der Not. Flucht ist nicht immer möglich, und der Wunderglaube, wonach alles gut werde, ist allenfalls im Mythos eine Möglichkeit.³ Soll man mit Gesang reagieren, mit Fäusten auf den Ohren, die das Tohuwabohu abschirmen? Mit Gleichgültigkeit dem Reden gegenüber und mit Durchlässigkeit für das Geräusch, wie John Cage empfiehlt?⁴

Der polnisch-englische Schriftsteller Joseph Conrad hat dem Zusammenspiel von Lärm, Vereinzelung und Kommunikationswillen eine dramatische Studie gewidmet. In *Typhoon* (1902) schildert er eine Schiffsgesellschaft, die im chinesischen Meer in einen Wirbelsturm der heftigsten Ausprägung gerät. Über gut 60 Seiten wird der Dauerangriff auf den Dampfer Nan-Shan in seiner Unausweichlichkeit als Fast-Tragödie ausgestaltet.

> Es war etwas Furchtbares und Schnelles, wie das Zerschellen einer Schale des Zorns. Rings um das Schiff schien alles zu explodieren, es in allen Fugen gewaltsam erschütternd, während ungeheure Wassermassen dagegenstürzten, als wäre ein großer schützender Damm vom Sturm weggerissen worden.⁵

«Der Sturm», so ist zu lesen, «greift ihn [den Menschen] an wie ein persönlicher Feind, lähmt seine Gliedmaßen, betäubt seine Sinne, ja, versucht ihm die Seele aus dem Leib zu reißen.»⁶ Conrad versteht es, mit seinem impressionistischen Stil die sinnliche Eindrücklichkeit der Unwetterüberwältigung meisterhaft in Sprache zu setzen. Die Erzählposition ist nicht distanziert; der Autor führt einen Berichterstatter vor, der die existenzielle Erfahrung der Haltlosigkeit im Kraftgeschehen von Meer und Wind kennenlernt. Die Naturkräfte

---

3   «Und er [Jesus] stieg in das Boot und seine Jünger folgten ihm. Und siehe, da geschah ein großes Beben im Meer, sodass das Boot von den Wellen bedeckt wurde. Er aber schlief. Und sie traten zu ihm, weckten ihn auf und sprachen: Herr, hilf, wir verderben! Da sagt er zu ihnen: Ihr Kleingläubigen, warum seid ihr so furchtsam?, und stand auf und bedrohte den Wind und das Meer; und es ward eine große Stille.» Matthäus, 8,23–27.
4   «When I hear what we call music, it seems to me that someone is talking. And talking about his feelings, or about his ideas of relationships. But when I hear traffic, the sound of traffic – here on Sixth Avenue, for instance – I don't have the feeling that anyone is talking. I have the feeling that sound is acting. And I love the activity of sound […]. I don't need sound to talk to me.» John Cage (1991) zit.n. https://en.wikipedia.org/wiki/John_Cage#cite_ref-59 (letzter Abruf 23.04.2024).
5   Joseph Conrad: Taifun [1902], Berlin 2019, S. 52.
6   Ebd., S. 54.

reißen nach und nach die Aufbauten des Schiffes ab, heben es wieder und wieder hoch und lassen es in eine dunkle, harte Hölle fallen. Die Menschen sind Atome, die umhergestoßen und in unsagbare Verzweiflung versetzt werden. Sechs Stunden erzählte Zeit geben das Dasein in einer Wasserlawine wieder, in der das Schiff eine zerbrechliche Kapsel ohne Kurs ist und alle Zeichen auf Verdammnis weisen.

Conrad war vor seinem Schriftstellerleben Seefahrer, der allerdings keine Taifunerfahrungen durchleben musste. Für seine realistisch anmutende Darstellung stützte er sich auf Erzählungen von Seeleuten über reale Begebenheiten.[7] Was Conrad interessierte, waren die Wirkungen des Taifuns auf die Menschen. Natur- und Schicksalsschilderung ergeben eine Anthropologie des Menschen in unausweichlicher Situation. Aus der Erzählung ließe sich eine Klassifikation psychischer Mechanismen ableiten, die von folgenden Figurentypen verkörpert werden: der Verzweifelte, der Nachdenkliche, der Wahnsinnige, der Tätige, der Apathische, der Klagende, der Eigensüchtige, der Soziale.

Was die Erzählung vor allem auszeichnet, ist die ausgiebige Schilderung des Gegensatzes von Sturm und menschlicher Symbolabhängigkeit. Conrad illustriert, was Serres meinte: Die gesprochene, geschriene, geflüsterte Sprache, der Klang der Stimme bilden den dramatischen Kern während des Sturmerlebens. Mit dem ersten Anprall und der schlagartigen Verfinsterung, die die Welt in eine Höhle verwandelt, entsteht ein heilloser Riss: «Augenblicklich verloren die Männer jede Verbindung zueinander. Das ist die zerstückelnde Macht des Sturmes: Er reißt die Menschen auseinander.»[8]

Der Erzähler lässt keinen Zweifel daran, dass der Wirbelsturm eine physikalische Energiedemonstration darstellt, in der das Schiff zur ärmlichen Planke wird, an der sich die Geworfenen nur noch festhalten können. Conrad versetzt jedoch den Akzent der Mächtigkeit auf die klangliche Dimension. Das wütende Donnern von Wind und Wasser erzeugt Geräusche im Schiff, die als «lautes und wildes Dröhnen»[9] das Krachorchester komplementieren. Das unablässige Einschlagen auf das Schiff macht aus ihm einen Klangkörper, dem gequälte Laute abgezwungen werden. Das sonore Szenario ist das ultimative Rauschen der chaotischen Wirklichkeit. Die Ohren sind erfüllt von Empirie,

---

7 Jerry Allen: The Sea Years of Joseph Conrad, New York 1965, S. 179.
8 Conrad: Taifun, S. 54.
9 Ebd., S. 86.

von Weltübermaß, gegen das der Sinn nur schwer ankommt. Wenn Kommunikation, wie Michel Serres deklariert, das Bemühen darstellt, jede Stofflichkeit zu eliminieren, alles zu beseitigen, «was die Form verdeckt»[10], dann weist der Text in eine Situation der Formlosigkeit.

Die Erfahrung des Getrenntseins durch die Verwirbelung veranschaulicht Conrad mit einer anrührenden Szene, in der die Form als Frage und Antwort erscheint. Jukes, der erste Steuermann, wird von seinem Kapitän weggeschleudert. Halb blind und halb erstickt und weltverloren entdeckt er im Gewirr ein Paar Stiefel. Er fühlt sich von kräftigen Armen umfasst, er selbst umarmt einen dicken, starken Körper. Er und der Kapitän bilden ein «Knäuel».

> Sein Selbstvertrauen hatte einen schweren Schlag erlitten. Mit lauter Stimme schrie er dem Mann, den er in der höllischen Finsternis neben sich fühlte, wieder und wieder zu: ‹Sind Sie es, Sir? Sind Sie es?›, bis er meinte, sein Schädel müsste ihm zerspringen. Und als Antwort hörte er eine ärgerliche Stimme wie aus weiter Ferne das eine Wort ‹Ja!› schreien. [...] Da legte sich ein Arm schwer über Jukes' Schultern, er erwiderte diese Annäherung, indem er seinen Kapitän um den Leib fasste. So standen die beiden in der stockfinsteren Nacht, vereint dem Sturm Trotz bietend, Wange an Wange und Mund an Ohr, wie zwei an Bug und Heck vertäute Kähne. Jukes hörte die Stimme seines Kapitäns zwar kaum lauter als zuvor, aber näher [...].[11]

Man muss sich festhalten und schreien. Im Bild der Dyade vermischen sich Liebe und Angst, infantile Hilflosigkeit und die Not zur Verständigung. Die Situation des Verbindens entspringt der Machtlosigkeit. Conrad baut seinen Text auf Basis dieser Opposition: Jede Figur weiß, dass es keine Handlung gibt, die planvoll den Ausweg aus dem Sturm weisen kann. Gleichzeitig wird ständig der Versuch des Sprechens im Modus des Schreiens unternommen: das große Rauschen gegen «den Zwergenlaut, den der Riesentumult nicht zu unterdrücken vermochte».[12] Zwei Entitäten begegnen sich im Wettbewerb der Stimmlichkeiten, die eine brüllt, die andere schreit: «Ein grauenerregendes Kreischen, das hier und da das stetige Heulen des Sturms übertönte, flog wie auf Flügeln über das Schiff hin. Jukes versuchte, es zu überschreien.»[13]

---

10 Michel Serres: Hermes I. Kommunikation, Berlin 1991, S. 54–55.
11 Conrad: Taifun, S. 56, 60.
12 Ebd., S. 62.
13 Ebd., S. 61–62.

Alles Kommunizieren ist darauf gerichtet, die Lage des Schiffes und der Menschen zu verstehen. Der Kampf ist einer, der der Kakophonie die Form der Sprache abzuringen versucht. Der Sturm raubt den Atem, er macht taub, sodass man die eigenen Wörter nicht hört, er zerreißt die Sätze. Und dennoch wird fortwährend gesprochen. Conrad fügt wiederkehrend zerstückelte Rufe in seinen Text, in dem die Auslassungspunkte die Intervention des Sturmes anzeigen.

> Kämpfen ... Bootsmann sagt, sie kämpfen ... Warum? Kann keinen Kampf ... an Bord ... Hätte Sie lieber hier ... Fall ... ich selbst ... über Bord geschwemmt würde ... Beenden Sie das ... irgendwie. Sehen Sie nach und berichten ... durch das Sprachrohr im Maschinenraum, Sie sollen nicht zu oft heraufkommen. Gefährlich ... auf Deck ... bewegen.[14]

Man muss glauben, dass das Sprechen so vergeblich wie das Festhalten an der Planke ist. Weder Technik noch Flucht oder Uferschutz können zur Rettung aufgeboten werden, die Mauer des Lärms raubt die Kraft zum Sprechen.

Kommt es aber darauf an, was gesagt wird? In den drei Kapiteln, die dem Sturm gewidmet sind, verwendet der Autor 34 Mal das Wort *Stimme*. Sie ist wie die Umarmung das Zeichen einer Gegenwart, einer Verbundenheit, einer primordialen Intimität: «Plötzlich fiel ihm das Heulen des Windes direkt ins Ohr, aber sofort schob eine leise Stimme den tosenden Sturm ruhig beiseite: ‹Sind Sie es, Jukes? – Wie ist die Lage?›»[15] Sturm und Stimme, Natur und Mensch – ein Gegensatzpaar, das allerdings durch Conrads Verwendung der Metaphern des Brüllens, Heulens und Kreischens aufgeweicht wird, mit denen der Sturm auditiv dem Bereich wesenhafter Stimmlichkeit zugeordnet wird. Der Wind, die Tiere und der Mensch werden durch diese Charakterisierung vergemeinschaftet. Der Unterschied liegt in der Funktion: Die Stimme des Dritten will zerreißen, die der Menschen will zusammenhalten. Conrad entwirft im Untergang nicht weniger als eine Utopie kommunikativer Zugehörigkeit. Die Notgemeinschaft ist weder fatalistisch deprimiert noch von Naturbeherrschungsheroismus getrieben. Sie ist in der Lage, dem Schicksal das schwache Medium der sprachlich-stimmlichen Verständigung als gemein-

---

[14] Ebd., S. 76.
[15] Ebd., S. 91.

schaftsbildendes Remedium entgegenzusetzen. Der heteronomen Macht der Natur ist mit Schmiegsamkeit und Anderssein zu begegnen. Das Schema der Auseinandersetzung geht demnach nicht in einer einfachen Opposition auf. Dominant ist das Thema der Unfreiheit im Kampf gegen einen Giganten. Die Freiheiten der Kontingenz gibt es im drohenden Schiffbruch nicht. Diese Grunderfahrung der Geworfenheit fügt dem Text die Möglichkeit einer allegorischen Leseweise hinzu. Durch das grausame Schicksal der Überwältigung und der Hilflosigkeit ähnelt die Situation jener am Beginn des Lebens: Der erste Schrei des Säuglings signalisiert Trennung und das schockhafte Ausgesetztsein in der Ortlosigkeit. Plötzlich ist alles lauter, heller und kälter. Der sprachlose Ruf ist einer nach Versorgung und Gegenwart eines anderen Körpers.[16] Conrads Erzählung projiziert ins sturmgeschlagene Meer, was am Ursprung eines jeden Menschen stattfindet.

> Der Schrei kam aus tiefstem Herzen; er kam so unwillkürlich, wie der Gedanke im Kopf entsteht, und Jukes hörte seine eigenen Worte nicht. Er erwartete auch keine Antwort darauf. Gewiss nicht. Welche Antwort hätte er auch erwarten können?[17]

Die Momentdepression aufgrund von Verlassenheit ruht auf dem Wunsch nach Präsenz, die noch nicht oder nicht mehr auf Symbolisierung zugreifen kann. Conrad fügt diesem Unbehagen eine Subdominante hinzu, indem er der Übermacht der Wirklichkeit nicht die Würde fatalistischer Endgültigkeit verleiht. Die unablässigen Versuche, durch Schreie Kontakt zu halten, sind Hoffnungsstrategien: «Es war nur ein undeutlicher Schrei, schwerer zu verste-

---

[16] Zur umfangreichen Symbolik des Schiffes gehört auch die Vorstellung der Mutter. Im Christentum kommt diese Tatsache im bekannten Kirchenlied «Es kommt ein Schiff gefahren» zum Ausdruck: Das Schiff ist Maria. Im 17. Jahrhundert übernimmt der Theologe Coelestin Sfondrati (1644–1696) das Bild und verknüpft es ganz weltorientiert mit der kaufmännischen Seefahrt: «Wann dann jeniges [Schiff mit dem Namen Victoria] den Titul deß Sieges verdienet hat / welches von dem Schiffbruch weniger Schiffen uebrigte / was wird nicht jenige verdienen / welche uebrigte vom Schiffbruch deß ganzen Menschlichen Geschlechts? diese hat nicht das Gewuerz auß Indien / sondern Gott vom Himmel auff die Erden ueberbracht; welchen die Schoß ware das Schiff / die Welt das Meer / die Lieb die Wind / die Gnad und Glory / die Waaren / von welcher vorhin gesagt ist worden: Sie ist worden wie ein Kauffmanns–Schiff / daß sein Brod von ferne bringet. Das Schiff; das ist / die Mutter [...]». Coelestin Sfondrati: Die erledigte Unschuld, Wien 1717, S. 20–21.
[17] Conrad: Taifun, S. 62.

hen, als ein Flüstern. Und die Stimme fuhr fort zu sprechen. ‹Hoffen wir es!› rief sie.»[18]

Nach stundenlangem Brausen tritt auf einmal Stille ein. Das Schiff befindet sich im Auge des Taifuns. Darin klingt das normale Sprechen auffällig klar und laut, als würden die Menschen «in einem dunklen und hallenden Gewölbe stehen».[19] Aus Regression wird Progression. Der Kapitän kann erstmals eine seefahrerische Entscheidung treffen, die das Schiff erfolgreich aus dem Sturm führt. Die Nan-Shan, die «die Grenze des großen Jenseits gesehen hatte»[20], fährt als zerschossenes Schiff in den Hafen ein. Im Gegensatz zur erheblichen Verwundung des Verkehrsmittels erscheint die Menschheit auf dem Schiff nicht traumatisiert zu sein. Im Vernehmen der Stimmen blieb sie heil.

---

[18] Ebd.
[19] Conrad: Taifun, S. 104.
[20] Conrad: Taifun, S. 115.

Abbildungsnachweise

1. www.rijksmuseum.nl
2. https://m.imdb.com
3. www.akg-images.de
4. Jonathan Swift: A Tale of a Tub. Written for the Uhiversal Improvement of Mankind, London 1710, S. 243
5. Charles Bell: Essays on the anatomy of expression in painting, London 1806, S. 146
6. Emil Kraepelin: Psychiatrie: ein Lehrbuch für Studirende und Aerzte, II. Band, 7. Auflage, Leipzig 1903, Tafel IX
7. https://artsandculture.google.com/asset/insane-asylum-brentwood/zgE4OvvrTseI-qg?hl=en
8. https://commons.wikimedia.org
9. https://imma.ie/collection/freeing-the-voice/
10. https://commons.wikimedia.org
11. Jost Amman: Neuwe biblische Figuren deß Alten und Neuwen Testaments, Franckfurt am Mayn 1565, S. 226
12. Len Wein, Dave Cockrum: Giant Size X-Men #1, 1975, o.S.
13. Mary Wolfman: Spider-Woman #37, 1978, S. 23
14. Werner Reiterer: Mutters Rat/Mothers Advice, 2010, Kasten, Licht, diverse Elektronik, Mikrofon, Lautsprecher, Zettel, 208 x 101 x 46 cm. Technische Assistenz: Thomas Sandri, Foto: Werner Reiterer. © Bildrecht, Wien
15. © Courtesy of Yoko Ono.
16. www.gettyimages.de
17. www.devonlive.com/news/history/gallery/beatles-fans-went-wild-rocked-6246844
18. https://commons.wikimedia.org
29. https://de.wikipedia.org/wiki/Apokalypse_(Dürer)#/media/Datei:De_zeven_engelen_met_de_bazuinen,_RP-P-OB-1383.jpg
20. https://commons.wikimedia.org
21. https://i.insider.com/56aba199dd0895a3018b478f?width=2000&format=jpeg&auto=webp
22. Alfred Hitchcock: Psycho, 1960
23. Alfred Hitchcock: Psycho, 1960

24. Alfred Hitchcock: Psycho, 1960
25. https://commons.wikimedia.org
26. Merian C. Cooper, Ernest B. Schoedsack: King Kong, 1933
27. Stanley Kubrick: The Shining, 1980
28. https://www.getty.edu/art/collection/object/108P0S#full-artwork-details
29. Otto Dix: Der Krieg, Berlin 1924, Blatt 7
30. https://commons.wikimedia.org

Danksagung

Drei Menschen haben mit ihrem freundschaftlichen Engagement dieses Buchprojekt unterstützt und gefördert. Ihnen gilt mein aufrichtiger und herzlichster Dank: Beate Ludwig, die den Druck ermöglichte, Anett Holzheid und Bettina van Haaren, die mit kritischem Blick das Manuskript gelesen und mit wertvollen Hinweisen versehen haben.

Das Signet des Schwabe Verlags
ist die Druckermarke der 1488 in
Basel gegründeten Offizin Petri,
des Ursprungs des heutigen Verlags-
hauses. Das Signet verweist auf
die Anfänge des Buchdrucks und
stammt aus dem Umkreis von
Hans Holbein. Es illustriert die
Bibelstelle Jeremia 23,29:
«Ist mein Wort nicht wie Feuer,
spricht der Herr, und wie ein
Hammer, der Felsen zerschmeisst?»